日本古代史講座

――天皇・アマテラス・エミシを語る

林　順治

えにし書房

序言

意味と価値の哲学はハンマーをもって真の全体的な批判を実現する。

『ニーチェと哲学』ジル・ドゥルーズ　足立和浩訳

はじめに

在野の古代史研究者石渡信一郎の『応神陵の被葬者はだれか』（一九九〇年二月）が出版されてから、早二四年になりました。元号も昭和→平成→令和と代変わりしています。直近の朝日新聞によると、地方市町村は西暦と元号の併記は事務作業に支障をきたすため、西暦一本にする所が増えているとのことです。

また女性向け週刊誌『女性セブン』（小学館、一二月二〇日）は大見出しで「独占内幕愛子さま」「女性天皇反対派が自滅」「選挙で実現！」「岸田首相の起死回生の一手は24年春にも」とし、次のように書いています。

愛子さまが成年に際する会見で、両陛下と「これからも長く一緒に時間を過ごせますように」と述べられてから二年が経過した。愛子様の将来と直結する安定的な皇位継承に関する議論が突如として本格化。支持率回復を狙う岸田首相が徐々に、しかし確実に、結論を急ごうとしている――

石渡信一郎氏は「私の説が理解されるには五〇年、百年かも」とよく私に言っていました。しかし上記のような事態を鑑みるに意外に早く石渡説が登場するかもしれません。というのも、『隠された日本古代史――存在の故郷を求めて（Ⅲ）』（二〇二四年一月）を出版しましたが、そのⅠ巻（二〇二二年一〇月）に「おわりに」として匿名むらかみからむ氏のかこみ記事に〝愛子さま〟が登場しますのでご覧ください。

※

本書の第一章は『日本古代史問答法』の三一件の設問の中から「日本古代国家は朝鮮半島から渡来した集団によって建国された」という命題に反する七つの事例を選び検証し、第二章の「高松塚古墳の被葬者はだれか」は季報『雄物論研究』刊行会（第一三八号二〇一七年二月）の一〇人等（福永晋三、室伏志畔、安本美典、一岐一郎、高橋通、佃田収、内倉武久）の一人として投稿した論文です。

第三章「日本古代史集中講義」は名古屋ＹＷＣＡ（主催・三河塾「日本の中の朝鮮文化」二〇一三年一一月二四日）で講演したものです。第四章「日本古代史の正体」は平成天皇誕生日二〇〇一年一二月二日の記者会見における「天皇の韓国とのゆかり発言」について語り、第五章では三つの仮説、すなわち井原教弼《いはらみちすけ》の〝歴史改作のシステム論〟、フロイトの〝心的外傷の二重性〟、石渡信一郎の〝天皇家の朝鮮半島ルーツ論〟を主軸に日本古代国家は新旧二つの加羅系と百済系の渡来集団によって建国された史実を明らかにしました。

二〇二四年四月末日

林　順治

日本古代史講座◇目次◇

第二章　高松塚古墳の被葬者はだれか〔二〇一七年二月〕

第三章　日本古代史集中講義――隅田八幡鏡と継体天皇〔二〇一七年三月一〇日〕

第五章　日本書紀と古事記〔二〇二一年六月一〇日〕

第一章　日本古代史問答法

〔二〇一七年一月一九日〕

1　はじめに

無名ではありますが優れた在野の古代史研究者、石渡信一郎と井原教弼《みちすけ》によって『日本書紀』の製作過程がほぼ明らかになりました。『古事記』が古く『日本書紀』が新しいのではありません。天武・持統天皇の意向を受け継いだ初期律令国家の指導者藤原不比等は舎人親王（天武と新田部皇女の子）を総裁とする官人グループを組織し、『古事記』も『日本書紀』と一緒に編纂できるようにしました。

言うまでもなく、「記紀」（『古事記』と『日本書紀』）はアマテラスを祖とし、神武を初代天皇とする、万世一系天皇の物語です。この物語は虚構《フィクション》と史実を入れ、混ぜ合わせ、大胆かつ巧妙に構成されています。藤原不比等と編纂者グループが行った「歴史改作のシステム」は、一人の天皇の在位年数（辛未に即位、死亡年が庚午）を六〇年とする天皇紀ですが、今日まで石渡信一郎と井原教弼を除いて、だれもこの『日本書紀』のカラクリを解明することができませんでした。

万世一系天皇の歴史を構想した藤原不比等は、四世紀後半の加羅系渡来集団（崇神・垂仁＋倭の五王）による古代日本国家成立の史実を隠し、かつ欽明天皇＝ワカタケル大王による辛亥のクーデターをなかったことにし、実在の天皇（本体）の事績と系譜をもとに〝欠史八代八人の天皇紀〟と〝不在天皇一〇人の天皇紀〟を創ります。

この「歴史改作のシステム」によれば、優秀な官人が数人チームを組んで必要なキャラクターをもつ架空の天皇を容易につくることができます。例えば〝欠史八代八人の天皇紀〟では、綏靖《すいぜい》には継体・天武、安寧《あんねい》には欽明＝ワカタケル大王、懿徳《いとく》に欽明、孝昭に崇神（旨）、孝安に倭王興、孝霊《こうれい》に応神、孝元には継体、開化には欽明という具合です。

また〝不在天皇一〇人の天皇紀〟では、仁徳に継体（男弟王）、履中《りちゅう》には安閑（即位せず）、反正《はんぜい》に宣化（即位せず）、允恭には欽明＝ワカタケル大王、安康に敏達、雄略には応神、清寧には敏達、顕宗に天智、仁賢には天武、武烈に応神や用明＝馬子という具合です。

この場合、『古事記』はシナリオ（台本、筋書き）の役割をはたします。『古事記』と『日本書紀』は時代も内容も酷似しています。神代の巻に費やしている頁は『日本書紀』が『古事記』の約二倍の分量ですが、『日本書紀』の方は「一書にいわく……」として異伝を併記しているので、本文（正文）のみで言うと『古事記』の半分の分量です。『日本書紀』は神代から始まり、神武を初代とする第四一代持統天皇までの歴史です。四一人の七五％が架空か分身の天皇です。

このような特異かつ異例な表現（描写）方法をとる『日本書紀』は、冗談で言っているのではなく、世界の知的文化遺産の価値があると言わざるを得ません。世界文化遺産と言えば日本最大の伝仁徳陵（百舌鳥古墳群）と伝応神陵（古市古墳群）のある大阪府・堺市・羽曳野市・藤井寺市は「百舌鳥・古市古墳群世界遺産登録推進府市合同会議」を結成しています。しかしいまだに百舌鳥・古市古墳群が世界文化遺産に登録されたと言う朗報は聞いていません。

ご存知のように宮内庁管理の天皇陵（陵墓）は発掘調査ができません。とりわけ世界文化遺産登録の対象になる百舌鳥古墳群と古市古墳群には、発掘調査禁止の古代天皇陵が合わせて数十基を越えています。古代天皇陵があるのは大阪平野の百舌鳥・古市古墳群ばかりではありません。奈良盆地東南部の山辺道周辺（桜井市）の箸中古墳群・大和古墳群・柳本古墳群には二〇〇から三〇〇m級の箸墓古墳、行燈山古墳、渋谷山古墳があります。

これら巨大古墳には、四世紀後半の崇神王朝（加羅系渡来集団）の崇神、垂仁、讃が埋葬されていると推定されています。しかし最近の新聞・テレビはこの箸墓古墳を邪馬台国の卑弥呼の墓とする報道を断続的に行っています。何故このような報道に問題があるのでしょうか。

以下、想定問答です。

「箸墓古墳の発掘調査はしたのですか」と私。「していません。箸墓古墳は天皇陵だからです」と新聞記者。「邪馬台国の卑弥呼は天皇ではないでしょう。であれば発掘調査はできるじゃありませんか」と私。「いや、宮内庁は倭迹迹日百襲姫命《やまとととひももそひめのみこと》の墓としているからです」と新聞記者。

「しかしそのヤマトト……姫というのは第七代孝霊天皇（在位ＢＣ二九〇―二一三）の娘でしょう。孝霊天皇は古代史学界（会）で欠史八代天皇の一人とされています。考古学的調査ならできるでしょう」と私。「実は箸墓古墳そのものは調査していませんが、その周辺地域の発掘調査から邪馬台国の可能性が高いからです」と新聞記者。

「だからと言って箸墓古墳の被葬者が邪馬台国の女王卑弥呼とはならないでしょう」と私。

以上のような問答を繰り返していること自体に真実の発見は不可能です。誰が、どんな天皇が埋葬されたのか明らかでない古墳（陵墓）に〝足を踏み入れてもいけない〟〝調査もできない〟というのでは日本古代史の解明はお手上げです。

ところで本章のタイトル『日本古代史問答法』について一言申し述べておきます。石渡信一郎の命題「朝鮮半島からの新旧二つの渡来集団による日本古代国家の成立」がもし本当であるならば、「記紀」に書かれているアマテラスを祖とし神武を初代天皇とする万世一系天皇＝日本古代史は一八〇度ひっくりかえるという驚くべき結果となります。

2　検定日本史教科書は書き直すべきです

現在の中・高等学校以上の文部科学省検定済教科書は、埼玉古墳群の稲荷山古墳から出土した一一五字の鉄剣銘文の獲加多支鹵大王（ワカケル大王）を第二一代天皇雄略としています。その根拠は雄略天皇の和風諡号「大泊瀬幼武」が「オオハツセワカタケ」と読めるからです。

そればかりではありません。件《くだん》の教科書の冒頭「辛亥年七月中記乎獲居臣」（辛亥の年七月、記す。オワケの臣）の辛亥年を「四七一年」としています。しかし辛亥年は六〇年に一度巡ってきますから必ずしも「四七一年」とはかぎりません。稲荷山鉄剣銘文の獲加多支鹵大王は欽明天皇こと天国排開広庭《あめくにおしはらきひろにわ》です。雄略天皇ではありません。以下、その理由を説明します。

稲荷山鉄剣銘文の解読の任に当たった岸俊男（当時京都大学教授）は、雄略天皇（在位四五八－四七二）の中の四七一年の辛亥年と一致するとして、「この鉄剣の〝杖刀人首〟としてつかえてきた武蔵国造オワケノオミが作らせた」と解釈します。以来、岸教授の解釈は古代史学界（会）の見解として定着します。

しかし稲荷山古墳の発掘調査団長斎藤忠（当時東京大学考古学教授）は「稲荷山古墳群は六世紀初めから七世紀の中頃までに築造された古墳群である」とし、稲荷山古墳の副葬品その他の遺物の総合的な組み合わせから古墳の実年代は六世紀前半としています。

また在野の古代史研究者の石渡信一郎は、田辺昭三が作成した「須恵器編年表」にもとづき誉田山古墳（伝応神陵）の実年代を六世紀初頭とし、稲荷山鉄剣銘文の辛亥年を「五三一年」とします。

石渡信一郎は誉田陵の築造年代を五〇〇年前後とし、推定される工期を約一〇年から一二年遡る四八八年から四九〇年としました。そして昆支（倭王武）も大仙古墳（伝仁徳陵）や武寧王陵と同じように五〇歳のとき寿墓《じゅぼ》（生前に造る墓）を造り始めたと仮定し、昆支（倭王武）が生まれた年を四三八年から四四〇年と想定します。

『日本書紀』によれば応神天皇が生まれた年は紀元二〇〇年の庚辰《こうしん》です。もし四三八年前後に庚辰年があれば、『日本書紀』は昆支の生年を四運（二四〇年）繰り上げたとみてよいからです。四三八年から四四〇年前後に庚辰の年があるでしょうか。四四〇年がまさに庚辰の年です。

であれば昆支（倭王武）の実際の生年は四四〇年の庚辰の年であり、昆支が五〇歳になった年が四九〇年ということがわかります。そこで四九〇年、昆支が自分の寿墓である誉田山古墳を造り始めたとし、その工期を一〇年から二〇年と計算すると誉田山古墳の築造年代は五〇〇年から五一〇年となります。

ちなみに先の大仙古墳（伝仁徳陵）や武寧王陵について言えば、大仙古墳と武寧王陵の築造年代、副葬品の類似性、武寧王と継体の甥と叔父の関係（隅田八幡鏡銘文）は両古墳の密接な関係を示しています。したがって武寧王が何歳の時に寿墓を造り始めたのかがわかれば、継体の寿墓の築造年代がわかるはずです。

武寧王陵の場合、墓室に「士壬中年作」と刻まれた一枚の瓦《かわら》が見つかり、この「壬中年＝五一二年」から武寧王の寿墓の築造開始は五一一年頃と推定されました。このことから武寧王が五〇歳のときに寿墓を造り始めたことがわかったのです。

であれば継体も大山古墳の着工を始めたのは五〇歳頃と考えることができます。『日本書紀』継体天皇二五年（五三一）条に継体が八二歳で亡くなったと書かれています。そこで五三一年から逆算すると、継体が五〇歳になった年は四九九年、干支は己卯《きほう》年にあたります。

『日本書紀』仁徳天皇六七年（三七九）条に「仁徳が河内の石津原に陵地を定めた」とあります。その三七九年はちょうど己卯の年です。『日本書紀』は応神の次の天皇を仁徳としていますが、誉田山古墳（伝応神陵）の実年代（五〇〇年前後）と大仙古墳（伝仁徳陵）の実年代（五一〇年代後半）からみて、『日本書紀』編纂者は継体の虚像仁徳を創作し、継体の寿墓の着工年の四九九年を干支二運（一二〇年）繰り上げて、仁徳の寿墓の着工年（己卯の年）としたと推定することができます。

『日本書紀』が昆支＝倭王武の実際の生年四四〇年（庚辰）を干支四運（二四〇年）繰り上げて二〇〇年（庚辰）としているのは、応神の架空の母である神功皇后を邪馬台国の卑弥呼に見せかけるためと、昆支＝倭王武の出自を隠すためです。

誉田山古墳（伝応神陵）と継体天皇の間の一〇人、すなわち仁徳・履中・反正・允恭・安康・雄略・清寧・顕宗・仁賢・武烈は架空の天皇ということになります。雄略も実在しなかったのですから雄略＝ワカタケル大王説は根底から覆《くつがえ》されます。また、「記紀」は継体を応神の「五世の孫」と書いていますが、四五〇年前後に生まれた継体が四四〇年に生まれた昆支＝倭王武の五世孫であるわけがありません。

欽明＝ワカタケル大王は昆支＝倭王武の晩年の子であったことや、ワカタケルの母が倭王興の娘弟姫であったことなど多くの加羅系豪族の支持を得られたものと考えられます。

稲荷山古墳の鉄剣銘文の製作者にして被葬者の杖刀人《じょうとうじん》の頭乎獲居《ヲワケ》臣は、欽明＝ワカタケル大王の加羅系の軍事氏族であったのでしょう。

稲荷山鉄剣を作った乎獲居臣は欽明ことワカタケル大王によって大和から派遣された軍事氏族であり、武蔵国造として加羅系豪族が拠点とする上毛野《かみつけの》（現群馬県）を制圧した人物です。

乎獲居臣が「辛亥の七月中、記す。獲加支鹵大王の寺、斯鬼宮《しきのみや》にあるとき、我天下を左治する」と鉄剣に刻んだのは、乎獲居臣が五三一年の辛亥のクーデターでワカタケル大王＝欽明の親衛隊長として抜群の働きをしたからでしょう。

クーデターに勝利したワカタケルは仏の加護に感謝して小さな寺（仏殿）を斯鬼宮（河内の志紀。現大阪府藤井寺市総社の県主神社一帯）に造り、その寺が完成した七月斯鬼宮に入ります。

3　エミシを討伐したヤマトタケル

『日本書紀』によると日本武尊命《やまとたけるのみこと》は第一二代大兄彦《おおたらしひこ》忍《お》代別《しろわけ》天皇（以下景行天皇）と播磨稲《はりまのいな》

目大郎姫（びおおいらつめ）の間に双子の第二子として生まれ、名を小碓（おうす）（またの名を日本童男）とつけられます。

また景行天皇は紀直《きのあたい》の遠祖菟道彦《うじひこ》と娘影媛の間に武内宿禰《たけのうちすくね》を生み、さらに美濃の八坂入彦子の娘弟媛と間に稚足彦（成務天皇）と五百城入彦《いほきいりひこ》を生みます。そのほか景行は五人の妃との間に八〇人余の皇子・皇女がいましたが、ヤマトタケルと稚足彦と五百城入彦の三人を皇位継承者として残し、すべて各国や部に配属します。

しかし景行天皇（在位七一―一三〇、垂仁天皇の第三子）の系譜はあくまでも『日本書紀』編纂者がつくったもので、実は景行天皇は倭の五王「讃・珍・済・興・武」の倭王讃の架空の分身であり、初代神武に似せた天皇であることがわかっています。

以下、「いた」とも言えない、かと言って「いなかった」とも言いきれないヤマトタケルの物語を先住民の蝦夷（以下エミシ）との関係において検証します。

『日本書紀』のエミシの初出は神武が忍坂邑《おしさかむら》（桜井市忍坂）の戦闘で賊徒（原住民）を滅ぼした時です。『日本書紀』神武天皇即位（紀元前六六〇＝辛酉の年）前期戊午年条によれば、神武（天皇軍）は奈良生駒における長脛彦《ながすねひこ》との戦闘で五瀬彦《いつせ》（神武の兄）を失ったので熊野の吉野に撤退し、吉野から桜井の忍坂《おしさか》に進軍して賊徒（先住民）を皆殺しにします。

そして次のように歌います。

蝦夷を　一人《ひとり》　百《もも》な　人は云えども　手向かいもせず

この歌は「エミシを一騎当千の兵《つわもの》とはいうけれど、われらには全く手向かいもしないぞ」という意味です。神武の即位が紀元前六六〇年であるとは信じられませんが、その頃日本の蝦夷に類する原住民＝先住民がいたのは確かでしょう。しかし『日本書紀』はよく国家存亡の時にかぎってエミシを登場させます。

このことは日本が渡来国家であることを暗示しています。神武を初代とする天皇家が朝鮮半島からの渡来集団であるならば、彼らは原住民（先住民）との接触、葛藤、戦争、征服等を経験しなければなりません。神武のエミシの歌には天皇家による国家建設のトラウマが強く反映しています。

景行天皇（神武に似せた架空の天皇）の代のエミシはもっとリアルなその存在が語られます。景行天皇は在位一二年（即位してから一二年目）から一八年にかけて熊本県南部から薩摩半島の熊襲（九州地方の原住民）を討伐します。景行天皇二五年武内宿禰（日本武尊と母違いの兄弟）が「東方の国に日高見国があります。男女は身体に入れ墨をして勇敢です。すべてエミシと言います」と報告します。

景行天皇四〇（西暦一一〇）年七月東方のエミシに反乱が起きます。熊襲退治で倦《う》み疲れていたヤマトタケルですが、父景行に「東方の国の中でもエミシがもっとも強い。男女は雑居し、父子の区別はない。冬は穴の中に寝、夏は樹上の家に住む。山に登るのは飛ぶ鳥が如く、野を行くのは疾駆する獣の如くである」と叱咤激励されます。

この年の一〇月ヤマトタケルは伊勢神宮に寄り、叔母の倭姫《やまとひめ》（垂仁天皇の皇女）から草《くさ》薙剣《なぎのつるぎ》を授けられ、駿河から相模に進み、相模から上総に渡り陸奥国に入ります。その時は海路で葦浦（千葉鴨川）に回り、玉浦（九十九里浜）を過ぎてエミシの住む境界に到着します。

エミシの首領とその土地の神々が竹水門《たかのみなと》（多賀城近くの七ヶ浜町の湊浜か）辺りで防戦しようとしますが、ヤマトタケルの船を見て帰順（降参）します。エミシを平定したヤマトタケルは日高見国から常陸を経て甲斐国の酒折宮（甲府市酒折町）に滞在します。

酒折宮から北方の武蔵・上総を巡って西方の碓日坂（群馬県と長野県佐久郡の境界の峠）に寄ります。そこでヤマトタケルは三度「吾妻はや」と嘆息します。ここでヤマトタケルは吉備武彦（ヤマトタケルの従者）を越国に派遣して地形や人民の状況を調査させます。そして自らは峯の幾重にも重なる信濃に入ります。

尾張に帰還したヤマトタケルはそこで尾張氏の宮簀媛《みやすひめ》を娶《めと》り、久しく月日を過ごします。

伊吹山（標高一三七七m、岐阜県揖斐川町と不破関ケ原町にまたがる）に荒ぶる神がいることを知ったヤマトタケルは草薙剣を腰から外して宮簀媛の家に置き、伊吹山に登ります。ヤマトタケルは山の神が蛇になっていることに気がつかず、蛇をまたいで登っていきます。

すると峯には霧が覆い、谷は暗く、進むことも退くこともできなくなります。山の神に祟られたヤマトタケルは山の麓の泉の水を飲んでやっと尾張に戻ります。しかしなぜかヤマトタケルは宮簀媛の家に戻らず、そのまま伊勢に移って尾津（三重県桑名郡多度町戸津）に至ります。そこから能褒野《のぼの》に着くとひどく体が衰弱してあえなく死んでしまいます。

以上、ヤマトタケルの物語の粗筋を紹介しましたが、ヤマトタケルが『日本書紀』の中でも際立って特別な存在であることが理解できます。だからといって、「能褒野陵に葬られたヤマトタケルの霊が白鳥になって倭《やまと》の琴弾原《ことひきはら》（奈良県御所市富田）に留まり、それから古市邑（羽曳野市）に舞い降り、さらに行方も知らず天高く飛び立った」という『日本書紀』の記述はあまりに破天荒と言わざるを得ません。

ヤマトタケルの飛び去った後の秋、兄弟の稚足彦（成務）が皇太子となり、武内宿禰が大臣になります。その頃能褒野で死去する直前にヤマトタケルが伊勢神宮に献じたエミシが昼夜騒ぎ立てるので倭姫（ヤマトタケルの叔母）が天皇（景行）に「神宮に近づかせないよう」と進言します。『日本書紀』は次のように書いています。

そこで三諸山《みもろやま》（奈良県桜井市の三輪山）の辺りに置くことになったが、それほど経たないのに蝦夷が神山の樹木を斬り、村里でわめきちらして人民を脅かした。天皇はこれを聞いて「その神山の辺りに置いた蝦夷は、本来、人間の顔をしながら獣の狂暴な心をもっており、帝都に近い国の住まわせるのは難しい。それゆえ帝都から遠い国に分けて送ったほうが良い」と命じた。これが今、播磨・讃岐・伊勢・安芸・阿波・合わせて五ヵ国に入る佐伯部の先祖である。

「エミシは人間の顔をしながら獣のような心を持っている」という景行天皇の言葉は、景行が日高見国に向かう前にヤマトタケルに語った言葉とソックリです。ちなみに「播磨・讃岐・伊勢・安芸・阿波」と言えば瀬戸内海沿岸の国々です。また「佐伯部」についでは『日本書紀』校注・訳者（直木孝次郎を含む五人）も気になるとみえ、かなり詳細な頭注を添付していますので、次に引用します。

蝦夷で組織されたべ（部）。宮廷警護の任に使役。サヘキはサヘの神のサヘと同じで、塞ぐ・妨げることに由来する名か。『常陸風土記』茨城郡の条の「山の佐伯・野の佐伯」によると、朝廷の命をサヘ（妨害・反抗）する土着の先住民の意、ここは外敵をサヘ（防塞）する職業団体として、異族の蝦夷を用いたとみられる。各国の国造の一族が佐伯直となり、中央の伴造《とものみやつこ》の佐伯連と氏族関係を結び佐伯部を掌握した。

ところで「播磨・讃岐・伊勢・安芸・阿波」の前に「これが今」とある「今」が『日本書紀』完成（七二〇前後）の頃であるとすれば、直木孝次郎らは景行天皇（在位七一―一三〇）の時代を『日本書紀』記載の通りの年代と考えていたのでしょうか。頭注の意味・内容は納得できますが、いったい「佐伯部」の形成時期はいつ頃でしょうか。

一方で景行紀のヤマトタケルの熊襲討伐と日高見国のエミシ征圧は、邪馬台国を滅ぼして奈良纏向に都をつくった新旧二つの渡来集団の旧の崇神＋垂仁と倭の五王（讃・珍・済・興・武）の加羅系渡来集団（崇神王朝）を想起させます。

なぜなら邪馬台国を滅ぼした加羅系渡来集団のすべてが畿内に向かったわけではありません。渡来集団の一部は九州の東と西に分かれて宮崎・鹿児島まで進出していることが考古学的資料（初期前方後円墳と先住民による地下式土壙墓の混在）から明らかになっています。

おそらく『日本書紀』編纂グループは倭の五王の存在を隠すくらいですから、崇神王朝の熊襲征伐と日高見国征圧の資料を持っていたに違いありません。倭の五王「讃・珍・済・興・武」の武の「倭武」は「ヤマトタケル」と読むことができます。倭武は崇神王朝の最後の王ですが、崇神王朝を引き継いで新しくヤマト王朝を形成した百済から渡来して倭王済に婿入りした王昆支＝応神のことです。

この崇神王朝を引き継いだ昆支（倭王武）は加羅系渡来集団（崇神王朝）が残した資料をよく知っていたでしょう。事実、倭王武は高句麗との戦いのために宋の皇帝順帝に送った上表文（四七八年）には次のように書かれています。

昔から祖禰《そでい》躬《みずから》甲冑を環《つらぬき》、山川《さんせん》を跋渉《ばっしょう》し、寧処《ねいしょ》に遑《いとま》あらず、東は毛人征すること、五十五国、西は衆夷を復すること六十国……

「毛人」が蝦夷《エミシ》であり、「衆夷」は隼人《ハヤト》でしょう。「昔から……」というのは、「崇神＋垂仁の時代から」と言っているのと同じ意味です。しかし崇神王朝を引き継いだヤマト百済系始祖王の倭王武（応神・昆支）が、物語のヤマトタケルのような悲劇の人物として語られているのは不思議かつ不可解です。

『日本書紀』編纂グループはもちろん、時の権力者藤原不比等や当時の元明・元正天皇、その父天武・持統・文武らは、乙巳《いっし》のクーデター（六四五、大化の改新）で百済系倭王武（昆支、応神）直系の蘇我王朝三代（馬子・蝦夷・入鹿）を滅ぼした祭祀氏族藤原（中臣）鎌足と中大兄（天智）の子孫です。

彼ら（藤原不比等や継体系の天皇）は新旧二つの朝鮮半島からの渡来集団の末裔であるにもかかわらず自らの出自を隠蔽し、継体系（百舌鳥古墳群）と昆支系（古市古墳群）の争いの原因になった獲加多支鹵大王＝欽明（倭王武の子）の辛亥のクーデター（五三一）をなかったことにし、大王ワカタケルの子馬子、その子蝦夷、その子入鹿も大臣に格下げし、差別名までつけています。

それでは倭王武（昆支）＝ヤマトタケルは悲劇的な人物といえるでしょうか。それとも創作上の主人公とみればよいのでしょうか。どちらとも言えるし、どちらとも言えません。なぜなら白鳥になって行方も知らず飛び立ったヤマトタケルは、かつてはあったが、今はない生まれ故郷の百済に飛んでいったからです。

国家の喪失はだれにとっても悲劇ですが、とくに倭王武（昆支王）にとって百済の喪失は最大の悲しみだったに違いありません。そもそも『日本書紀』編纂者の中には百済を出自とする官人は多くいます。彼らは加羅系祭祀氏族を出自とする藤原不比等と異なり、倭王武を白鳥として故国百済に飛び立たせることによって自らの運命と安泰を祈ったのかもしれません。

4　神武天皇の墓

紀元前六六〇年に即位した神武が実在の天皇だと思っている人は今日だれもいません。かりに「神武が実在した」と主張する人がいるとして「いない」という人が反証（証明）しようとしても不可能なことです。ご存知のように宮内庁によって天皇陵とされている古墳は立ち入ることも、ましてや発掘調査することもできないからです。

日本の古代国家の成立＝天皇の起源を知るうえで、天皇陵の調査・発掘は必要かつ絶対条件です。にもかかわらず、日本の国家形成期の巨大古墳の多くが宮内庁の管理下におかれていることは、文化・歴史の発展に大きな躓きの石（障害）になっているのはご承知の通りです。

そこでだれも実在しないと思っている神武天皇に陵（墓）があるということは、「おやっ？　神武は本当か」と思わせる証明法の対象になります。であれば神武はなおさら「いた」とは考えられません。しかし『古事記』には「畝傍山の北の方の白檮尾《かしお》の上」、

『日本書紀』は「畝傍山東山麓」と神武陵の所在地を銘記しています。当然、神武陵の所在地には諸説があります。

外池昇（『天皇陵の誕生』の著者）によると、幕末期には神武天皇陵として「四条村」（今日の神武陵、一説によると綏靖帝陵あたり）、「山本村神武田《じぶた》」（新塚と旧塚の二つの塚）、「畝傍山東北陵」の三ヵ所があります。では、誰がいつ神武天皇陵を決めたのでしょうか。

天皇は孝明、将軍が徳川家茂の文久二年（一八六二）閏八月八日宇都宮藩主戸田忠至《ただむね》が「山陵修補の建白」を幕府に提出します。ちなみにこの年一〇月、朝廷は戸田忠至を山陵奉行に任じます。

そして翌年の文久三年八月一三日孝明天皇は攘夷のための大和行幸を宣言します。この大和行幸とは孝明天皇が初代天皇の神武陵を参拝し攘夷を祈願するというものです。この孝明天皇の大和行幸は公武合体派（薩摩・会津藩）の政変（八・一八）によって挫折します。

実は光明天皇の大和行幸宣言の六ヵ月前の二月一五日と一七日、孝明天皇の「御沙汰書」が出されます。それによると「神武田」を神武陵にするというものです。孝明天皇が大和行幸のために神武陵の決定を急がなければならなかった訳がよくわかります。

橿原神宮は神武天皇と皇后媛踏鞴五十鈴媛命《ひめたたらいすずひめ》を祭神として大日本帝国憲法発布（一八八九年二月一一日）の翌年の明治二三年四月二日明治維新政府によって創建されます。橿原神宮と神武陵は隣り合わせになっています。したがって双方は維新政府の管轄になります。では『日本書紀』編纂者は、いくつもある辛酉年からどうして紀元前六〇〇年の辛酉年を神武の即位年として選んだのでしょうか。この問題については那珂通世（一八五一―一九〇八）以来、中国の辛酉革命説にもとづき、推古九年（六〇一）を起点として一二六〇年繰り上げたとする説が通説となっています。

辛酉革命説では辛酉の年には革命があるとされ、特に干支一元（一運）の二一倍にあたる一蔀《ほう》（一二六〇年）ごとの辛酉の年には大きな革命があるとされています。そこでこの辛酉革命説を知っていた『日本書紀』の編纂者が神武の即位を国家的大変革とみて紀元六〇一年から一蔀＝一二六〇年遡らせた辛酉の年においたとみられていました。

この通説は基本的には正しいのですが、逆算の起点とする六〇一年（推古九）には国家的大変革というべき事件が何もありません。早稲田大学の水野祐（『日本古代の国家形成』の著者。当時早稲田大学教授）は、六〇一年より干支一運（六〇年）繰り下げた六六一年（斉明七＝辛酉年）を起点とする説を唱えます。六六一年には斉明天皇が死亡し、天智天皇が称制（即位せず成務を執る）するという「蔀首《ほうしゅ》大変革の辛酉年にふさわしい事件が重なっている」からです。

そして六六一年を起点とすると、神武の即位年は一三二〇年遡ることになります。この点については神功皇后を『魏志』倭人伝に見える邪馬台国の女王卑弥呼に見せかけるために、『日本書紀』が作為した結果であるとし、次のように説明しています。

　神功は二〇〇年に仲哀天皇死亡の後、在位期間六九年、二六九年に死亡ということになっているが、これは「魏志」記載の卑弥呼の治世年代とほぼ一致させたわけであり、神功の治世はもと九年とされていたのに、『日本書紀』の編纂に当たって六〇年延長して六九年としてしまった。そのため一蔀一二六〇年の年数が一三六〇年になってしまった。

『応神陵の被葬者はだれか』の著者石渡信一郎は、水野祐の「日本書紀編纂者は六六一年を起点として神功を卑弥呼に見せかけるために、そこから一三二〇年前の紀元前六〇〇年を神功の即位年とした」という説を受けながら、『日本書紀』が六六一年としたのはその前年の六六〇年に百済が滅亡するという天皇家にとって深刻な事件が起こったために、この六六〇年で古い蔀を終わらせることにしたと修正しています。

たしかに神日本磐余彦《カムヤマトイワレヒコ》という神武の和風諡号は後世につくられたものです。水野祐によると、孝霊・孝元・開化の三天皇は、持統の諡号にみえる「大日本根子《オオヤマトネコ》」系の諡号をそのまま採用しており、持統・文武・元明・元正のそれとまったく同一です。

そのほか神武・懿徳・孝安の三天皇には「ネコ」はみえないが、「日本《ヤマト》」あるいは「大《オオ》日本根子《ヤマトネコ》」の和風諡号が用いられています。「神日本磐余彦尊」では、ヤマトを「日本」と書いていますが、この書き方は『続日本紀』の大宝三年（七〇三）一二月条に見える持統の諡号「大倭根子天之広野日女《おおやまとねこあめのひろのひめ》」のように「倭」と書く方法より新しく、元明（在位七〇七―七一五）の諡号「日本根子天津御代豊国成姫《やまとねこあまつみしろとよくになりひめ》」や元正（在位七一五―七二四）諡号「日本根子高端淨足姫《やまとねこたかみづきよたらしひめ》」の場合と同じです。

このように神武以下九人は持統の和風諡号の決定後、『日本書紀』が成立した七二〇年までの間に『日本書紀』編纂者によって新しく作られた天皇です。「神武田古墳」を改造した神武陵に初代神武の遺体があるわけがありません。

5　『古事記』も『日本書紀』も同時につくられた

太安万侶《おおのやすまろ》によって編纂され、当時（七一二年＝和銅五年）の女性天皇元明天皇に献上されたという『古事記』は、日本最古の史書といわれています。その最古の史書という説を決定的にしたのは本居宣長です。宣長は自著『古事記』で「皇国の古人《いにしへびと》の真心なるとを、万《よろず》の事に思ひわたしてさとるべし」と倭建《ヤマトタケル》の『古事記』を価値あるものとしたからです。

ところで太安万侶の序文には次のように書かれています。

壬申の乱に勝利した天武天皇は、「帝紀（天皇の系譜）と旧辞（古い伝承）が偽りと誤りが多く真実と異なる。そこで帝紀を書物として表わし、旧辞をよく調べ直して後世に伝えよう」と仰せられました。その時、舎人に稗田阿礼《ひえだのあれ》という者がいました。稗田阿礼は一度見た文書はよく暗誦して、一度聞いた話は忘れることはありません。

しかし天武天皇が亡くなられ、時世が移り変わって、まだその選録の事業を完成させるまでに至っていません。ここに今上天皇（元明天皇。天智の皇女、天武と持統の子草壁皇子と結婚。子は文武天皇と元正天皇）は和銅四年（七一一）九月一八日臣下の安万呂に稗田阿礼が誦《よ》む（暗誦する）ところの旧辞を書物に著わして献上せよとのことでした。仰せのまま事細やかに採録しました。

この太安万侶の序文について、古代史研究者にして「干支一運六〇年の天皇紀」のシステムを解明した井原教弼は「安万呂は嘘をついている。逆である。まことを削り偽りを定て後世に伝えようとしたのは『古事記』である」として「『古事記』は『日本書紀』のシナリオの役割をはたしている」と指摘しています。井原教弼は『古事記』と『日本書紀』は別物ではなく、ある関係をもちながらほぼ同時期につくられたとしています。

また『水底の歌』の著者梅原猛は、不比等＝稗田阿礼説を提唱します。歴史学者の家永三郎は「稗田阿礼に誦習させたものを後に想をあらためた」とし、国語学者の神田秀夫は「天皇と稗田阿礼の私的な関係による」としています。梅原説と井原教弼説は藤原不比等を介入させている点で類似し、他説とは大きく異なります。

江戸時代後期の国学者平田篤胤《あつたね》（一七七六―一八四三）への疑問はその著『古史徴開題記』で阿礼をアメノウズメの末裔とし、民俗学者の柳田国男は『巫女考』でアメノウズメを神懸りの巫女、柳田説を受けた折口信夫は猿楽・能・狂言の尾籠《ヲコ》なる問答あるいは演劇的動作とします。

『古事記成立考――日本の最古の古典への疑問』の大和岩男は、序文は偽作だが本文は偽作ではないとします。『古事記』は『日本書紀』とはまったく別物とする三浦佑之は大和岩男との対談で、『古事記』は七一二年に成立したとは考えられず、『日本書紀』とは別物で最も古いとしています。

『神々の体系』の著者上山春平は「『古事記』と『日本書紀』はどちらも元明の時に仕上

げの段階に入っていた」とし、実在していたのか、いなかったのかが明らかでない稗田阿礼や『日本書紀』に無関係であったとされている太安万侶も、実は『日本書紀』と『古事記』の両方の編纂に関係していたのではないかと指摘しています。

であれば「記紀」（『古事記』と『日本書紀』）の仕上げの段階は和銅七年（七一四）の二月から養老四年（七二〇）の五月までということになります。『古事記』（七一二）も『日本書紀』（七二〇）も平城遷都（七一〇）から藤原不比等の死去（七二〇年八月三日）までの一〇年間の中に入ります。平城遷都から『日本書紀』が完成するまでの一〇年間の藤原不比等は、すでに持統天皇は死去し、石上（物部）麻呂（左大臣）はなきに等しく、娘宮子の子首《おびと》の祖父として、また後見人として比類なき権力を手にしています。

上山春平によれば元明天皇のもとで実権を握っていた不比等にとって「記紀」の仕上げの形は方向づけられます。事実、上山春平は「『古事記』編纂にあたった太安万侶などは、律令体制づくりの大義名分のもとで組織された巨大チーム・ワークを担った律令官僚の一員にしかすぎない」と指摘しています。

稗田阿礼は天細女命《あめのうずめのみこと》（『古事記』は天宇受売命、以下アメノウズメ）を祖とする猿女君《さるめのきみ》の一族とされ、阿礼を女性とする説があります。事実、奈良県大和郡郡山市の稗田環濠集落の端に、『古事記』編纂に加わったとする稗田阿礼を主祭神、アメノウズメ・猿田彦命を副祭神とする売太《めた》神社があります。

『続日本紀』元明天皇和銅三年（七一〇）正月一日条に「天皇（元明）は大極殿で朝賀を受け、薩摩の隼人も蝦夷も参列した。左将軍大伴旅人、副将軍穂積老《おゆ》、右将軍佐伯石湯《いわゆ》、副将軍小野馬養らが皇城門（朱雀門）の外《そと》の朱雀大路に東西に分かれて、各々騎兵が先頭に立ち、隼人や蝦夷を率いて進んだ」と書かれています。

実は先の稗田阿礼を主祭神、アメノウズメ・猿田彦命を副祭神とする売太神社と羅城門跡の位置（平城京の中央を南北に通る朱雀大路の南起点。奈良市西九条五・大和郡郡山市観音町。売太神社は羅城門跡の佐保川下流約二・六㎞）を勘案すると、売太神社は藤原不比等が構想した平城京造営プランの埒外で、即ち差別・排除されたことがわかります。

それは次のような理由によります。『古事記』によれば、アメノウズメは天の岩屋戸の前で乳とほと（陰部）をさらけ出すほどに踊り、伊勢で漁をしていたサルタヒコはひらぶ貝に手を挟まれて溺れ死にます。また天孫のホノニニギにサルタヒコの名を継いで仕えるように言われたアメノウズメは女の子孫を猿女君《さるめのきみ》と呼ぶようになります。

『古事記』は「こんな次第で歴代志摩の朝廷に献上する初物（食べ物）は猨女君たちに下された」と書いていますが、このホノニニギ（アマテラスの孫）とアメノウズメ・サルタヒコの関係は、伊勢神宮の内宮《ないぐう》（アマテラス）と外宮《げくう》（トヨウケビメ）と似て差別的です。

6　伊勢神宮の内宮と外宮

伊勢神宮は、内宮の皇大神宮（三重県伊勢市宇治町一）と外宮の豊受大神宮（同豊川町二七九）に大きく分かれています。外宮は近鉄伊勢駅の改札口から間近に見え、歩いて五、六分ほどで着きますが、内宮は伊勢市駅から鳥羽・賢島《かしこじま》方面の二つ目の駅五十鈴川で下車します。そこから徒歩で三〇分ぐらいですが、いずれの駅からも内宮行のバスが出ています。

内宮も外宮も外観はよく似ているので、間違えないようにして下さい。内宮は伊勢信仰の中心であり、ナンバー1の格です。内宮の主祭神は天照大神（以下、アマテラス）で御神体が三種の神器（鏡・玉・剣）の一つ八咫鏡《やたのかがみ》（約一八cmの大きさ）です。

朝日新聞夕刊（二〇一四年四月二五日付）によれば、天皇と皇后は二五日、式年遷宮（二〇年ごとに社殿を造り変えること）が行われる伊勢神宮に参拝しますが、歴代天皇に受け継がれた「三種の神器」の剣と璽《じ》（勾玉）も一緒に運ばれます。報道によれば剣と璽が皇居外に運ばれたのは二〇年ぶり、皇居に置かれているのは勾玉のみ。剣は熱田神宮（名古屋)、鏡は伊勢神宮に置かれ、いずれも複製品《レプリカ》が皇居・御所の「剣璽《けんじ》の間」に納められているとのことです。

ある本によると、通常の神事は外宮、内宮の順に行われ(外宮先祭)、参拝も外宮、内宮の順が正しいとされています。しかし式年遷宮は内宮、外宮の順で、奉幣(供物を捧げること)は外宮、内宮の順です。ちなみに明治時代まで僧侶姿で正宮《しょうぐう》(宇治橋の内側)に近づくことが禁止されていました。

ところでナンバー2の外宮の祭神ですが、主祭神は豊受大御神《とようけのおおみかみ》(以下、トヨウケカミ)です。それに相殿神という御伴神《みとものかみ》が東に一座、西に二座祀られています。東の神は彦火瓊瓊杵尊《ひこほのににぎのみこと》(アマテラスの孫、神武の祖父)で西は天児屋根命《あまのこやねのみこと》と太玉命《ふとたまのみこと》と言われています。

御伴神の神三座は『日本書紀』神代紀に登場しますが、なぜか主祭神である豊受大御神は見えません。しかし『古事記』では豊宇気毘売神(以下、トヨウケビメ)は伊弉冉尊《いざなみのみこと》の子和久産巣日《わくむすび》として登場します。トヨウケビメは『古事記』の二ヵ所に次のように書かれています。

A　病の床に伏した伊弉冉《いざなみ》の尿から生まれた神の名は、水をつかさどる弥都波能売《みつはのめの》神《かみ》と和久産日神である。この最後の神は食物をつかさどるという意の登由宇気神《とようけのかみ》という。

B　ホノニニギが天下りする際、アマテラスは「この鏡は私の御霊として心身を浄めて祭り仕えなさい。そして思金神は私の祭事を受け取って、祭式上の実務としなさい」と仰せられた。ちなみにこの鏡と思金神の二柱の神は五十鈴宮（伊勢の五十鈴川の辺にある皇大神宮）にあがめ祭っている。次の登由宇気神《とようけのかみ》は外宮の度相《わたらい》に鎮座する神である。

ところで『アマテラスの誕生』で画期的な発表をした筑紫申真《のぶざね》は、皇大神宮に遷る前のプレ皇大宮を滝原宮（三重県度会郡大紀町、JR紀勢本線滝原駅下車）と伊雑宮《いざわ》（三重県志摩市磯部町上之郷、近鉄志摩線の上之郷駅下車）としています。

筑紫申真の指摘は民俗学的に素晴らしく捨てがたいのですが、上山春平と石渡信一郎の指摘する三重県多気郡明和町の斎宮説が歴史的事実として説明しやすいので、もっとも正確と思われる石渡説を取り上げることにします。

三重県多気郡明和町大字斎宮（近鉄山田線斎宮駅の東側一帯）の地に、東西二㎞、南北一㎞、約一六〇haの広大な斎宮跡があります。この神殿跡と桜井三輪神社に近い檜原神社

（元伊勢、崇神天皇の世にトヨキイリヒメにアマテラスを祀らせた地）は東西一直線の同緯度にあります。

石渡説によれば持統四年（六九〇）即位式をあげた持統はアマテラスを皇祖神・聖母神として多気神宮を祀ろうとします。しかし建国神イタケル（応神、倭王武＝昆支）も一緒に伊勢国に祀ることにし、すでに伊勢渡会の山田原（現伊勢神宮外宮の所在地）に祀られていた建国神イタケルのため、六九二年に新たに「原伊勢神宮」を創建します。したがって建国神イタケルのための外宮（豊受大神）が創建されたのは六九二年です。

しかし三輪神社の神主高市麻呂は多気神宮と「原伊勢神宮」＝外宮の創建に反対します。高市麻呂が反対した理由は先帝天武（大王馬子の娘法提郎媛の子）が建国神イタケルを崇拝していることを知っていたので、建国神イタケルがアマテラス（内宮）に従属することを嫌ったからです。

事実、鎌倉幕府の一二九六年（永仁四）執権北条貞時の治世、内宮と外宮の関係を象徴する事件が発生します。両宮の禰宜《ねぎ》が連名で朝廷に出す文書に外宮側が「豊受皇大神宮」と署名したのです。それまで外宮は「豊受大神宮」と名乗っていましたが、この時、内宮と同じく「皇」の字を入れたのです。

このことは外宮が祀る神を、内宮が祀るアマテラスにならぶ皇祖神とすることを意味しています。この外宮と内宮の諍《いさか》いはのち延々と続くことになります。そもそも外宮（豊受大神宮）＝建国神（応神、倭王武＝昆支）ですから、起こるべくして起こった争いと言えます。

それでは持統が多気（明和町）に祀ったアマテラスは、いつ現在の宇治山田に移ったのでしょうか。文武天皇二年（六九八）一二月皇祖神・聖母アマテラスが現在の内宮に遷されました。そして建国神昆支＝倭王武＝イタケルを祀る「原伊勢神宮」（現外宮）と一緒にして「伊勢神宮」としたのです。

そして内宮の祭神アマテラスがスサノオの姉とされ、外宮の祭神がイタケルが御食都《みけつ》（穀物神）として豊受大神とされたのは『古事記』が完成する五年前の慶雲四年（七〇七年、丁未）一一月です。

先の『古事記』Aのトヨウケビメの記事がリアルな中に差別に満ちている理由はおわかりになったことでしょう。

7　アマテラスを祖とする万世一系天皇

万世一系の言葉は岩倉具視《ともみ》の慶応三年（一九六七）一〇月の「皇家は連綿として万世一系礼学征伐朝廷より出でて候」が初出です。岩倉の発言を受けた伊藤博文が大日本帝国憲法の作成にあたって旧皇室典範に「第一、皇祚《こうそ》（皇位）を継承するのは皇胤に限る。第二に、皇祚を継承するのは男系に限る。第三、皇祚は一系にして分裂するべからず」の文言を挿入しました。

しかしこのアマテラスを祖とし神武を初代天皇とする万世一系の思想は、中国の歴史に対抗すべき初期律令国家の最大のテーマであったことはすでに明らかになっています。時の最高権力者藤原不比等はアマテラスを祖とし神武を初代天皇とする天皇の物語を「記紀」（『古事記』と『日本書紀』）によって普遍化しようと目論んだのです。

事実、『日本書紀』神代九段第一異伝にはアマテラスの火孫瓊瓊杵尊（以下、ホノニニギ）の降臨について次のように書かれています。

〔筆者注：九段正文ではアマテラスではなく、タカミムスヒが指令神となっています。ホノニニギを真床追衾《まとこおうふすま》（夜具）で包んで降臨させますが、三種の神器は持たせていません。また天壌無窮の言葉もありませんし、中臣の上祖アマノコヤネら五部の随伴もありません。〕

アマテラスはホノニニギに八坂瓊曲玉・八咫鏡・草薙剣の三種の神器を授けた。また、中臣の上祖アマノコヤネノミコト（天児屋根命）大神宮、忌部の上祖フトタマノミコト（太玉命）、猿女《さるめ》の上祖アマノウズメノミコト（天細女命）、鏡作りの上祖イシコリドメノミコト（石凝姥命）、玉作の上祖タマノミヤノミコト（玉屋命）、合わせて五部《いつとものお》の神々を随伴させた。そしてアマテラスは次のように詔《みことのり》した。

「葦原千百秋瑞穂国は、我が子孫が君主たるべき地である。汝皇孫よ。行って治めなさい。さあ、行きなさい。宝祚《あまつひつぎ》の栄えることは、天地とともに窮まることがないだろう」と言った。

この『日本書紀』神代下九段第一異伝のアマテラスによるホノニニギへの「天壌無窮の詔勅」は、明治二三年（一八八九）の大日本帝国憲法告文《こうもん》の「天壌無窮」「神ノ宝祚ヲ承継」と第一条「大日本帝国憲法ハ万世一系ノ天皇ヲ継承スル」に引き継がれているのは言うまでもありません。また明治天皇自ら国民道徳の形成を呼びかけるという特異な形式をとった「教育に関する勅語」（「教育勅語」）は、明治憲法が公布された翌年の明治二三年（一八九〇）一〇月三〇日に発布されます。参考に冒頭部分のみ引用します。

朕《ちん》惟《おも》うに 我《わ》が皇祖《こうそ》 皇宗《こうそう》 国《くに》を肇《はじ》むること 宏遠《こうえん》に、徳《とく》を樹《た》つること深厚なり、我が臣民克《よ》く忠に克《よ》く孝に、億兆《おくちょう》心を一つにして世世《よよ》其《そ》の美を済《な》せるは、此れ我が国体の精華にして、教育の淵源亦実に此に存す。（略）。以って天壌無窮の皇運を扶翼すべし。

また、この教育勅語は、『日本書紀』推古天皇一二年（六〇四）四月三日条の聖徳太子がつくったとする一七条憲法にも酷似しています。

三にいう。王（天皇）の命令を受けたならば、必ず謹んでそれに従いなさい。君主はいわば天であり、臣下は地にあたる。天が地をおおい。地が天をのせている。かくして四季がただしくめぐりゆき、万物の気がかよう。それが逆に地が天をおおうとすれば、こうしたととのった秩序破壊されてしまう。

初期律令国家の最高権力者不比等は用意周到です。『日本書紀』と『古事記』を同時平行で編纂させながら、文武天皇によって出された史実を崇神天皇四年（紀元前、丁亥）から九年（紀元前八九、壬辰）の史実として挿入します。それでは崇神天皇四年（紀元前九四年の丁亥）の記事とはどのような内容でしょうか。

四年（丁亥）一〇月二三日、崇神天皇は「そもそも我が皇祖のすべての天皇が、皇継ぎ政事《まつりごと》を行ってきたのは、ただ一身のためではない。思うに人と神とを統治し、天下を治めるためである。それゆえによく世々深遠な功績を広め、時につけ最上の徳行を天下に流布されたのである。今、皇位を継承し、民を愛育することになった。いかにして、いつまでも皇祖の跡を継承し、永く無窮の皇統を保持すればよいだろうか。それは群卿・百僚ら、お前たちが忠誠を尽くし、共に天下を平安にすることが、何より大切あろう」と詔した。

これより先にアマテラス・倭大国魂の二神を、同じように天皇の御殿の内にお祭りしていた。ところが、その二神の神威を恐れて、二神と共に住むことに不安があった。そこでアマテラスをトヨスキイリヒメに託して、倭《やまと》の笠縫《かさぬい》村（奈良県磯城郡田原本町、三輪山の檜原神社境内という説）「元伊勢」に祭った。そして堅固な神籬《ひもろぎ》を立てた。また日本大国魂神《やまとのおおくにたま》をヌナキノイリヒメに託して祭らせた。しかしヌナキイリヒメは髪が抜け落ちて身体が痩せ細って祭ることができなかった。

文武天皇八年（七〇四）九月一〇日に遣唐使粟田真人から復命報告を受けた藤原不比等ら律令政府首脳は、この年一〇月二二日新神祇制度＝司牧人神（天皇が人と神を統治する）という文武天皇によって出された詔勅を、崇神天皇四年（紀元前九四、丁亥）から九年（紀元前八九、壬辰）の史実として記録したのです。

8　聖徳太子はいないが、厩戸王はいた？

聖徳太子が「いた」という学者・研究者もいますが、「いない」という学者・研究者・作家も少なからずいます。しかし「いた」も「いない」もその震源地は『日本書紀』です。案の定、聖徳太子をテーマにした『〈聖徳太子〉の誕生』（大山誠一著、吉川弘文館）が出版され、一九九九年のベストセラーになりました。

続いて二〇〇〇年一月と八月発行の古代史の専門雑誌『東アジアの古代文化』（大和書房）で「聖徳太子と日本書紀」（一〇二号）、「聖徳太子の謎にせまる」（一〇四号）と題して特集が組まれました。もちろん大山誠一氏の「太子不在（架空）論」がきっかけになっていますが、作家の梅原猛・黒岩重吾、文献学者の上田正昭・直木孝次郎、考古学者の白石太一郎の総勢二〇人による聖徳太子論です。

言ってみれば太子論は、明治から大正にかけて四〇年も続いたいわゆる「法隆寺再建・非再建論争」の平成版太子実在・非実在論争です。しかし法隆寺再建・非再建論争は若草伽藍の発掘によって少数派の再建論者・喜田貞吉の正解で決着がつきましたが、平成版は多数派工作によって「聖徳太子はいなかったが、厩戸王《うまやとおう》は実在したという奇妙な妥協案で幕切れとなりました。

聖徳太子も厩戸王も初出は『日本書紀』です。『日本書紀』用明天皇（在位五八五―五八七）元年正月一日条（A）と推古天皇（在位五九二―六二八）即位元年四月一二日条（B）の二ヵ所です。

A　用明天皇は穴穂部間人《あなほべのはしひと》皇女を皇后とした。皇后は四人の皇子を生んだ。その一子は厩戸皇子という。またの名は豊耳総聖徳《とよみみとしょうとく》、あるいは豊総耳法主王《とよとみみのりぬし》と名付けた。この皇子は初め上宮に住み、後に斑鳩《いかるが》に移った。豊御食炊屋姫天皇の世に東宮につき、天皇の代行をつとめた。この話は豊御食炊屋姫天皇紀にみえる。

B　推古元年（五九二）四月二日推古天皇は厩戸耳皇子を皇太子とした。そして一切の政務を執らせ、国政の全てを皇太子に委任した。皇太子は橘豊日天皇（用明）の第二子であり、母の皇后は穴穂部間人皇女という。皇后は出産の日宮中を巡行して馬官《うまのつかさ》まできたとき厩《うまや》の戸口で急に出産した。

皇太子は生まれてすぐに言葉を発した。成人になると十人の訴えを聞いて間違いなく先々の事まで見通すことができた。また仏教を高麗の慧慈《えじ》に習い、儒教の経典を博士覺哿《かくか》に学んだ。

天皇（用明）は皇太子を愛し、宮の南の上殿に住まわせた。それゆえその名を上宮厩戸豊総耳という。

ところで『日本書紀』記載のAとBを読んでも、どうして平成版聖徳太子の「いた・いない論争」において「聖徳太子いなかったが、厩戸王は実在した」という結論が出るのか理解できません。ところが意外なところから原因がわかりました。

その出所は先述の『東アジアの古代文化――特集号聖徳太子の謎に迫る』（一〇四号）の論文「聖徳太子関係資料の再検討」（大山誠一）です。それによりますと、当時、大山氏は聖徳太子信仰の成立過程についての論文を執筆中でした。それが相当の分量になり、弘前大学の研究者仲間の長谷川誠一氏と小口雅史氏に頼んで『弘前大学国史研究』に「〈聖徳太子〉研究の再検討」と題して上（三月）・下（一〇月）に分けて掲載してもらうことになったのです。

ところが、十月に完結し、先輩や知人に抜刷を送ってまもなく、思いがけず京都の上山春平先生から勤務先の研究室にお電話をいただいた。以前から、先生の藤原不比等や天皇制に関する見解に関心があり、関係のある抜刷や著書を送っていたからだと思う。その電話のなかで、先生は私の聖徳太子論を大変喜ばれ、藤枝晃先生とのお付き合いや、田村圓澄先生と一緒に仕事などされた時のことを話してくださった。ところがその話の終わりにこれからは厩戸王を肯定するものを書かなければいけないね、と言われたのである。

当時の私は、聖徳太子の実在性を否定することに熱中していて、厩戸王などどうでもよいという気がしていた。その後も、前号（『東アジアの古代文化――特集聖徳太子と日本書紀』一〇二号、二〇〇〇・夏）に記したように、直木孝次郎先生をはじめ多くの方々から聖徳太子が実在しなかったとすると厩戸王はどうなるのか、やはり厩戸王は国政の中心にいたのではないか、というような問いかけを繰り返し受けていたのであるが、私の方は、聖徳太子からさらに『日本書紀』の山背大兄王の記事の否定に進んでいて、上山先生から言われた「厩戸王を肯定する」という論文はとても書く気にならないでいた。

少々長く引用しましたが、大山氏が『〈聖徳太子〉の誕生』出版当時の心境をわかりやすく説明していますので、私が次に述べることからもこれ以上付け加える必要もないでしょう。

実は『〈聖徳太子〉の誕生』（吉川弘文館）が出る七年前の一九九二年六月私が勤務する三一書房から『蘇我馬子は天皇だった』（一九九一年六月）の普及版として『聖徳太子はいなかった』が新書版で出版されました。

この三一新書は大山氏の『〈聖徳太子〉の誕生』が出る一九九九年まで合計一万六〇〇〇冊（初版八〇〇〇冊、五刷）に達していました。編集者の感覚から言えば准教授クラスの研究者であれば自分が執筆するテーマに類似する出版物に目を通すのが常識です。ましてや「いた」とする聖徳太子が「いなかった」とする本を書かなければならない執筆者です。三一新書の『聖徳太子はいなかった』を買わないまでも、書店か広告等で気付くのが当たり前ではないでしょうか。それとも私の思いすごしでしょうか。

当時、三一書房は株主を巻き込む労使争議が起り、一九九九年一一月経営側（私もその一人〉によるロックアウトの最中でした。はっきりとした記憶がありませんが、『〈聖徳太子〉の誕生』と大山氏のことを知ったのは二〇〇〇年の半ばだったと思います。

今、私の手許に『蘇我大王と飛鳥』（二〇〇一年六月、三一書房）があります。これは私が担当した石渡信一郎氏の一一冊目の本ですが、その前年の『百済から渡来した応神天皇』（『応神陵の被葬者はだれか』の増補新版）と同じ争議中（ロックアウト中）に出した本です。

この『蘇我大王家と飛鳥』の「はじめに」の冒頭に石渡信一郎氏は次のように書いています。

昨年、文献史学者の大山誠一が『〈聖徳太子〉の誕生』を著して、聖徳太子は実在しなかったと唱え、古代史学界に賛否両論を巻き起こした。私が一九九一年『蘇我馬子は天皇だった』を書いて、聖徳太子非実在説を唱えてから八年ほど経ってようやく文献史学者の中にも聖徳太子非実在説と唱える人が現れたわけである。

この見解は私の見解と一致している。しかし大山誠一と私の説は多くの相違点がある。例えば、大山誠一は『日本書紀』が中国的聖徳太子像として聖徳太子を創作したとしているが、私は天武天皇時代に用明大王（在位五八五―六二二）の虚像として聖徳太子と蘇我馬子が創作されたとみている。

『日本書紀』は用明大王の真の姿を隠すためさまざまな創作を試みている。例えば、用明大王の宮殿の一つに「石川宮」があったが、『日本書紀』はこの宮殿を蘇我馬子の「石川の宅」と記録している。飛鳥池遺跡から出土した木簡に「石川宮」と書かれている。「石川宮」はこの用明大王の宮殿である。

また『日本書紀』は大阪府の四天王寺の創建者を聖徳太子としているが、実の創建者は用明大王である。四天王寺の秘宝・丙子椒林剣《へいししょうりんけん》が平安時代すでに蘇我馬子の剣と伝えられていたのは、聖徳太子と馬子が用明大王の虚像であったためである。

五三一年のクーデターで継体大王（在位五〇七―五三一）の子勾《まがり》王子（安閑）と檜隈高田皇子（宣化）が殺され、六四五年の乙巳のクーデターでは用明の子蝦夷大王（推定在位六二二―六四三）と孫の入鹿大王（推定在位六四三―六四五）が殺された。また『日本書紀』は天武天皇（在位六七三―六八六）が用明の孫であることを隠している。

以上、石渡信一郎氏の聖徳太子に関係するところの解釈ですが、この解釈は大山誠一を含め『東アジアの古代文化』の特集「聖徳太子と日本書紀」と「聖徳太子に迫る」の執筆者の九〇％に欠落しています。これは逆に言えば「本当に聖徳太子はいなかった」と唱える人は石渡信一郎しかいないということになります。これでは〝多勢に無勢〟です。しかし真理は多く集まったからといって見つかるわけではありません。

第二章　高松塚古墳の被葬者はだれか

〔二〇一七年二月〕

1　大極殿正門の「日」と「月」の旗

◇青竜・白虎・玄武・朱雀の四神

『続日本紀』（以下、『続紀』）の文武天皇大宝元年（即位して五年目の七〇一年）正月元日条に次のような記事があります。

文武天皇が並みいる官人の前に姿を現した大極殿の正門に烏形《うけい》の旗（先端に烏の像を飾り）を立て、左には日象《にちぞう》・青竜（東を守る竜）・朱雀（南を守る竜）の旗、右側には月象・玄武（北を守る鬼神）・白虎（西を守る虎）の旗を立て、蛮夷の国の使者が左右に分かれている。

この大極殿の日（太陽）と月を描いた旗は、高松塚古墳の石室（一九七二年発見）の東西南北の壁に描かれた青竜（東壁）・白虎（西壁）・玄武（奥壁・北）・朱雀（南壁。盗掘のため確認できず）の四神にソックリです。青竜には太陽、白虎には月が描かれているのも同じです。

であればこそ文武天皇大宝元年正月元旦の青竜・白虎に太陽と月を描いた旗は、おそらく日並知《ひなめし》（草壁皇子）の子として即位した文武が、〝日嗣《ひつぎ》の皇子〟（日の御子＝アマテラスの子孫）が現御神《あきつみかみ》として大八嶋国＝日本を治めたことを慶賀する天皇家のシンボルであった可能性があります。

高松塚古墳は奈良県高市郡明日香村平田にある下段径二三m、上段径一八m、高さ五m、二段式円墳ですが藤原京期（六九四―七一〇）の終末期古墳といわれているので、文武か元明天皇（草壁皇子の妃）のいずれかの天皇の代か、もっとも可能性が高いのは元明天皇の在位中（七〇七―七一五）の築造かもしれません。築造の年代がわかれば被葬者もわかるはずです。しかしその前に倭国はいつから「日本」を名乗るようになったのか考えてみたいと思います。

◇第七次遣唐使執節使の発表

大宝元年（七〇一）正月元旦文武天皇（一八歳）が日象・月象・青竜・朱雀・玄武・白虎の旗で迎えられた正月元旦の朝賀の儀式から一ヵ月も経たない正月二三日、粟田真人民部卿を第七次遣唐使執節使とする一行のメンバーが発表されます。

『続紀』には遣唐使一行が出発した正確な日は記録されていません。しかし「遣唐使らが去年九州から出航したが、風浪が激しく渡海が困難であった。この時ようやく動きだした」と記されているので、大宝二年（七〇二）六月二九日に九州を出航したことは確かです。

粟田真人ら遣唐使一行がいかなる目的で派遣されたのか、粟田真人がどのような人物なのか、『続紀』から知ることができません。わかっていることは遣唐使一行が出発してから二年後の文武天皇慶雲《きょううん》元年（七〇四）七月一日に大宰府に帰国し、その年の一〇月粟田真人は藤原不比等ら政府首脳部に相まみえていることです。

2　国名は「日本」か「倭」か

◇『旧唐書』倭国伝

ところで『旧唐書《くとうじょ》』（九四五年成立）という五代晋〔後晋（九三六―九四六）〕の時代の劉《りゅう》昫《く》（八八七―九四六）による中国の歴史書があります。この書の東夷国伝は倭国伝と日本伝に書き分けられていますが、その日本伝に粟田真人遣唐使のことが記録されています。

日本国は倭国の別種である。その国は日の昇る方にあるので、「日本」という名前をつけている。あるいは「倭国がみずからその名前が優雅でないのを嫌って、改めて日本とつけた」ともいう。またあるいは「日本は古くは小国だったが、倭国の地を併合した」とも。日本人で唐に入朝する使者の多くは尊大で、誠実に答えない。それで中国はこれを疑っている。彼らは「わが国の国境は東西南北、それぞれ数千里あって西や南の地はみな大海に接している。東界北界大きな山があってそれを境にしている。山外は毛人の国である」と言っている。

長安三年（七〇三）、その大臣の粟田真人が来朝して国の特産物を献上した。朝臣真人の身分は中国の戸部尚書（租庸内務）をつかさどる長官のようなものだ。彼は進徳冠（唐の制度の冠の一つで九つの球と金飾りがついている）をかぶって、その頂は花のように分かれて四方に垂れている。紫の衣を身に付けて白絹の腰帯にしていた。

真人は経書や史書を読むのが好きで、文章を創る事ができ、ものごしは温雅だ。則天武后は真人を鱗徳殿の宴に招いて司膳卿《しぜんけい》（食膳と司る官）を授けて、本国に帰還させた。

◇則天武后の主張

しかしこの『旧唐書』の記事だけでは第七次遣唐使節使と唐（周）との交渉内容が理解できません。内実は粟田真人らが「日本は古来は小国であったが、倭国の地を併合して日本という国名にあらためた」ことに唐側の理解を得ようとしたからです。しかし唐の則天武后はそれを了承しなかったので粟田真人遣唐使一行は則天武后の「倭国が日本と国名を改めた」という主張を受け入れたのです。

国名を「日本」とするか「倭」とするかの問題は当時編纂途上にあった『古事記』（七一二年太安万侶選上）と『日本書紀』（七二二年完成）に大きな影響を及ぼしています。初期律令国家が唐側の「九州にあった倭国が大和にあった日本国を併合し、国名を日本国とした」という主張を受け入れ、神武から始まる開化までの和風諡号に「日本」を使用することを最終的に決定した時期は、『日本書紀』が成立する三年前の遣唐使丹治比県守《たじひのあがたもり》が帰京した年の七一九年（養老三）と考えられています。

◇古代天皇の和風諡号

ちなみに元正天皇養老三年正月条には次のように書かれています（元旦の朝賀の儀は台風のため中止）。天皇（元正）は大極殿に出席して官人の朝賀を受けた。従四位上の藤原武智麻呂・従四位下の丹治比県守の二人が皇太子（のちの聖武天皇）を先導にして案内した（正月二日）。先に遣唐使の帰った人たちが天皇に拝謁した。みな唐国から授けられた朝服を着用していた（正月十日）。〔筆者注：二月二日正三位の粟田真人死去〕

古代歴代天皇のなかで「日本《やまと》」が付く和風諡号の天皇は、神武（初代）・懿徳（四代）・孝安（六代）・孝霊（七代）・孝元（八代）・開化（九代）と律令期の元明（四三代）・元正（四四代）の合計八人です。

◇白村江の戦

そもそも「日本」と「倭国」の呼称は、粟田真人遣唐使（七〇三）以前に起きた天智の白村江の戦（六六三）や天武天皇の壬申の乱（六七二）の時からの唐（国）・倭国間の懸案事項でした。白村江の戦では中大兄《なかのおおえ》（天智。百済系渡来集団の末裔）は国家存亡をかけて百済救援軍を送ったにもかかわらず、唐・新羅連合軍の圧倒的な力に敗北します。

おそらく粟田真人遣唐使一行には白村江の戦で連行された日本人捕虜の引き取りの件もあったのでしょう。中大兄は唐・新羅連合軍がさらに九州地方に攻めてくると危惧しました。敗北を恐れた中大兄は倭国を九州島と四国・本州（未征服地エミシの地を含む）を領域とする日下《くさか》（日下の好字が日本となる）国に分離し、日下国こと日本は小国で唐・新羅と国交のない国としました。その間、天智は近江遷都（六六七年、翌年天皇に即位）を敢行します。

3　遣唐使粟田真人と藤原不比等

◇遣俗の人道観

それでは特別大使として派遣された粟田真人とはどのような人物なのでしょうか。実は粟田真人が孝徳天皇白雉四年（六五三）に道昭（六二九―七〇〇）や中臣大島（持統天皇の時の神祇伯）ら二四一人の第二次遣唐使の一員として同行した遣俗（僧侶になった者が世俗に戻ること）の道観その人であることはあまり知られていません。

白雉四年と言えば中大兄皇子と中臣（藤原）鎌足による蝦夷・入鹿暗殺の乙巳《いっし》のクーデターから八年後のことです。この時の遣唐使には鎌足の長子一〇歳の定恵《じょうえ》（六四三―六六六）も随行しています。

また船史恵釈《ふなのふひとえさか》尺の子道昭は帰国後、法興寺（別名飛鳥寺）の一隅に禅院を建立して法相宗を広めます。道昭は俗性を船連《ふねのむらじ》といいます。道昭は河内国丹比郡《たじひのこおり》の生まれですが、白雉四年の遣唐使に同行した際、玄奘三蔵のもとで法相宗を学び斉明（皇極の重祚名）天皇七年（六六一）に帰国しています。

道昭の父船史恵尺については、『書紀』皇極天皇四年（六四五）六月一三日条に「蘇我蝦夷らは誅殺されるにあたって天皇記・国記のすべてを焼いた。船史恵尺はとっさに焼かれようとしている国記を取り中大兄（後の天智天皇）に奉った」とあります。このように藤原（中臣）鎌足・不比等や道昭と密接な関係にあった遣唐使粟田真人（道観）は唐側との厄介な交渉に適任であったことがわかります。

文武天皇慶雲元年（七〇四）の七月一日大宰府に到着し、一〇月九日に上京した粟田真人ら遣唐使一行から報告を受けた藤原不比等ら律令政府首脳は、すでに新神祇制度＝司牧《しぼく》人神《じんしん》（人と神を統治して天下を治める）施行のための最終段階に入っていました。

◎新神祇制度の施行

実は、七〇四年一〇月文武天皇によって出された新神祇制度の詔勅が三年かけて元明天皇慶雲二年（七〇八）に施行されます。しかし日本の宗教・思想の根幹にかかわる新神祇の施行が、正史の『続日本紀』には記録されていません。

大宝律令のあとに藤原不比等を中心にして作られた養老律令（七五七年、不比等の孫藤原仲麻呂によって施行）に書かれた可能性がありますが、その編纂過程がほとんど明らかになっていません。次のようなことが推測できます。

藤原仲麻呂は不比等の長子藤原武智麻呂（六八〇－七三七）の次男です。武智麻呂は父不比等の律令制度の施行に深くかかわっています。新神祇制度は大宝律令の改訂として追加修正された法令（＝格）の一つである神祇令《じんぎりょう》ですが、内容上、極秘事項とされたと考えられます。したがって孫の藤原仲麻呂（七〇六－七六四）も祖父の新神祇制度については秘密を守ったのでしょう。

藤原不比等が施行した「新神祇制度」を一口で言えば、〝アマテラスを祖とし神武を初代天皇とする天皇の系譜〟（『日本書紀』）を決定したことです。本来、この重大な国家イデオロギーの決定はその成立過程を国の内外に説明し了解を得なければならない筋のものです。

しかし藤原不比等ら律令国家は唐との交渉・説明を最優先し、倭国内における説明・了解はおろそかにしました。つまり国内では極秘事項としたのです。もっともそれには藤原不比等ら初期律令国家以前の「新旧二つの朝鮮渡来集団による日本国家の成立＝天皇の歴史」と「アマテラスを祖とする万世一系の天皇家」の矛盾を説明しなければならないので〝無理難題〟だったのです。

◇不比等の画策「天壌無窮」

実は文武天皇慶雲元年（七〇四、甲辰年）に始まり元明天皇和銅元年（七〇八、戊申年）に実施された新神祇制度は記録されなかったのではなく、『書紀』崇神天皇四年（BC九四、丁亥年）から同九年（BC八九、壬辰年）の記事として復元（挿入）されていたのです。

つまり不比等が施行させた新神祇制度を崇神天皇が行ったことにして干支一三運（六〇年×一三運）＋一〇年＝七九〇年遡らせて『日本書紀』崇神紀に挿入しているのです。それでは崇神天皇四年（BC九四、丁亥年）の一〇月二三日の記事を引用します。

四年（丁亥年）一〇月二三日、崇神天皇は「そもそも我が皇祖のすべての天皇が、皇位を継ぎ政事《まつりごと》を行ってきたのは、ただ一身のためではない。思うに人と神とを統治して、天下を治めるためである。それゆえによく世々に深淵な功績を広め、時につけ最上の徳行を天下に流布されたのである。今、私は皇位を継承し、民を愛育することとなった。いかにして、いつまでも皇祖の跡を継承し、永く無窮の皇統を保持すればよいだろうか。それは群卿・百僚ら、お前たちが忠誠を尽くし、共に天下を平安にすることが、何より大切であろう」と詔した。

引用後半の「いつまでも皇祖の跡を継承し、永く無窮の皇統を保持すればよいだろうか」という箇所は、大日本帝国憲法（明治憲法）告文《こうぶん》の「天壌無窮」「神の宝祚を継承」や、明治憲法の翌年に公布された教育勅語「天壌無窮の皇運を扶翼《ふよく》すべし」に酷似しています。

これらの語句が似ているのは『日本書紀』神代下第九段一書第一のアマテラスから孫のホノニニギに次のように告げられた、いわゆる「天孫降臨」の際の言葉に由来しているからです。〔筆者注：第九段の正文では司令神はタカミムスヒ。一書のアマテラスの次のような詔勅の言葉はない〕

葦原千五百秋瑞穂国《あしはらのちいほあきのみずほのくに》は、我が子孫が君主たるべき地である。汝皇孫よ。行って治めなさい。さあ、行きなさい。宝祚《あまつひつぎ》の栄えること。

さて冒頭で述べた高松塚古墳の被葬者のことですが、筆者（林）は〝日並知《ひなめし》〟と呼ばれた草壁皇子を推し、高松塚古墳を築造したのは元明天皇（草壁の妃、在位七〇七―七一五）+藤原不比等とし、築造された時期は平城京遷都（七一〇年）か『古事記』（七一二年）の前後と考えます。

4　柿本人麻呂の歌「真弓岡」

◇東明神古墳の発掘調査

真弓岡陵（別称岡宮天皇陵。所在地奈良県高市郡高取町大字森、近鉄吉野線壺阪山駅下車）という宮内庁管理の天皇陵があります。そもそも真弓丘陵が岡宮と呼ばれるようになったのは天平宝字二年（七五八）八月孝謙天皇（聖武天皇と光明皇后の皇女）が草壁皇子に「岡宮御宇天皇《おかのしたにあめのしたしろしめすめらみこと》」と追号したことから、従来の真弓丘陵は草壁の墓にあてる説となったとされています。

実は昭和四七年（一九七二）の高松塚古墳の発見以来、終末古墳の調査を進めてきた県立橿原考古学研究所（以下、橿原考古研）は昭和五九年と昭和六〇年の二次にわたって岡宮天皇陵の北方三〇〇ｍの佐田集落の奥にある東明神古墳（所在地：奈良県高市郡高取町大字越智小字南西久保の春日神社境内）を発掘調査しました。

調査の結果、東明神古墳は数回の盗掘によって副葬品が何も残っていないことや、古墳が八角墳であることがわかりました。しかし石室内から検出された歯牙六本は青年期から壮年期男性の被葬者のものと推定されました。また地元には古くから草壁皇子であるという伝承が残っていました。

古墳のある場所が「佐田」であることや、墳丘八角墳であることや、石室内で見つかった草壁の死亡年齢とほぼ一致することから被葬者は草壁皇子の可能性が高いとされています。ちなみに『万葉集』に収録されている柿本人麻呂による草壁皇子の死を悲しむ歌に「佐田の岡」や「真弓の岡」が記されています。

・外に見し真弓の岡も君座せば常《とこ》つ御門と侍宿《とのい》するかも（一七四）
・朝日照る佐太の岡辺に群れ居つつ吾《あ》等が泣く涙やむ時もなし（一七七）
・橘の島の宮には飽かねかも佐太の岡辺に待宿しに往く（一七九）
・鳥座《とくら》立て飼ひし雁の子巣立ちなば真弓の岡に飛び還り来ね（一八二）

佐田集落では幕末までこの東明神古墳を岡宮天皇陵として祭っていましたが、明治維新政府は突然草壁皇子の御陵に指定するという通知を出します。佐田村の人たちは強制移住を恐れ、東明神古墳の石室を破壊してしまいました。

◇明治政府による素戔嗚神社

その結果、明治政府の指定する御陵は佐田村の三〇〇m南の素戔嗚《すさのを》神社の本殿の地（現岡宮天皇陵）とされ、素戔嗚神社は御陵の東側に移されることになったのです。したがって真弓丘陵＝岡宮天皇陵は江戸後期から明治にかけて指定されたのでしょう。おそらく神武陵と同じ時期の天保五年（一八三四）前後かもしれません。もちろん真弓丘陵は宮内庁の監理下にありますから発掘調査はできません。

さて、高松塚古墳発掘の詳細は担当者盛岡秀人と網干善教《あぼしよしのり》共著の『高松塚古墳』（読売新聞社、一九九五年）に譲ることにして、高松塚古墳の被葬者が草壁皇子である根拠をごく簡単に説明することにします。

高松塚古墳の石室内は盗掘（鎌倉時代）によって荒らされ、漆塗りの木棺の破片、金銅製透飾金具（径一〇cm、厚〇・一cm）が一個、金銅製円形飾金具（径四・八cm、厚さ〇・一cm）が二個、より小さい金銅製円形飾金具（径三・五cm、厚さ〇・一五cm）が六個、金銅製六花文座金具二個（径二・五cm、厚さ〇・二cm、中央に穴）などが散らばってみつかります。これら金具の出土物は木棺に使用された遺物の一部です。

目立った副葬品の遺物は白銅製の海獣葡萄鏡《かいじゅうぶどうきょう》一面（後述）、銀装大刀の外装具（盗掘によってか本体の刀身と鍔《つば》は見つからず）、玻璃（ガラス）製丸玉五個です。肝心の被葬者の遺体として大臼歯二個、小臼歯一個の歯牙、上腕骨、四肢長管骨、脛骨が出土しています。ちなみに頭蓋骨が見つからないことから梅原猛は『黄泉《よみ》の王《おおきみ》』で忍壁《おさかべ》皇子の斬首説を提唱しています。

◇「海獣葡萄鏡」の意味と価値

私（林）は高松塚古墳の被葬者が草壁皇子である有力な証拠として海獣葡萄鏡をあげます。王仲殊《おうちゅうしゅ》は「高松塚古墳の海獣葡萄鏡は中国陝西省の独孤思貞墓《どっこしていぼ》から出土した海獣葡萄鏡と同笵鏡の関係にあり、七〇四年の遣唐使によってもたらされた」と指摘し、高松塚古墳の被葬者を忍壁皇子としています。

王仲殊の忍壁説は直木孝次郎、猪熊兼勝、菅谷文則、梅原猛と同じで一番多く、その理由は忍壁皇子（?―七〇五。天武の子、母は宍人臣大麻呂の女。壬申の乱で天武に同行、大宝律令選定を指揮）の死去が高松塚古墳築造の時期と接近しているからです。王仲殊は高松塚古墳の被葬者を忍壁としていますが、「海獣葡萄鏡は七〇四年遣唐使によってもたらされた」という王仲殊の考察は特に注目すべきです。

先述しましたように第七次遣唐使粟田真人は大宰府に到着し、その年の一〇月に新神祇制度（人と神を統治して天下を治める）施行準備中の藤原不比等ら律令政府首脳に会見します。おそらく粟田真人は唐（周）の則天武后から文武天皇あてに貰った海獣葡萄鏡を不比等に手渡したと考えられます。おそらく元明天皇和銅元年（七〇八、戊申年）は新神祇制度が執行された年です。

◇元明と文武の後見人藤原不比等

高松塚古墳は日嗣の皇子と呼ばれた草壁皇子のための墓です。天武天皇の皇子一〇人の中でトップの草壁と皇位継承序列九番目の忍壁の立場は各段の差があります。高松塚が忍壁皇子の墓であるはずがありません。草壁は天武と持統の嫡子にして、〝日並知皇子〟です。

しかも草壁は阿部皇女（元明天皇）の夫にして文武天皇の父です。元明と文武の後見人藤原不比等は『古事記』が完成する七一二年前後（元明天皇在任中）に高松塚古墳に遺体を束明神古墳から移したものと考えられます。

したがって高松塚古墳は元明天皇と藤原不比等が草壁皇子のために造った陵です。しかし被葬者の遺体として石室内で見つかった大臼歯二個は、小臼歯一個の歯牙、上腕骨、四肢、長管骨、脛骨は草壁皇子の遺体の一部であるとは断定できません。むしろ別人の遺体の一部の可能性が高いと私は思います。

◇差別された人麻呂

柿本人麻呂の挽歌に「佐太の岡」や「真弓の岡」や「橘の馬の宮」が記されているのは藤原不比等にとってきわめて不都合なことです。「橘の島の宮」は大王蘇我馬子＝聖徳太子＝用明の居城です。しかも天武＝大海人＝古人大兄は大王馬子の娘法《ほ》堤郎《てのいらつ》媛《め》の子です。人麻呂の挽歌（言挙げ）が不比等の構想する「アマテラスを祖とし、初代天皇を神武とする万世一系天皇」の物語にどれほどの障害になるのか、不比等自身が一番よく知っているはずです。事実、『続日本紀』元明天皇和銅元年四月二〇日条に「従四位下の柿本佐留が卒した」と記されています。

柿本人麻呂が死去した和銅元年は元明天皇が即位した翌年ですが、元明は即位にあたり、「不改常典」（天皇が天つ日嗣として皇位につくことの法）を宣言します。人麻呂は天武・持統に仕えた超一流の宮廷歌人です。草壁皇子は天武と持統の日嗣の皇子です。

この日継の皇子の后にあたる元明が即位した翌年に「人麻呂が死んだ」という味も塩気もないたった一行にも満たない記事はよくないことを暗示しています。しかも無味乾燥の記事の「柿本佐留」の「佐留」は明らかに差別名の〝猿〟に通じます。これは蘇我王朝三代馬子・蝦夷・入鹿の差別名に酷似しています。梅原猛が『水底の歌』でいみじくも指摘したように、柿本人麻呂は藤原不比等政権下で流罪あるいは刑死の罪に陥れられたとみるのが自然でしょう。

◇悲劇の皇子ヤマトタケル

ちなみに『日本書紀』景行天皇四〇年是年条に「かがなべて　夜には九夜《ここのよ》　日には十日を」という歌があります。訳者頭注によりますと「かがなべて」は「複数の日を並べて」（万葉集二六三）」とあります。『万葉集』の二六三とは「馬ないたく　打ちてな行そ　日《け》並《なら》べて　見ても我が行く　志賀」という歌です。

　この歌の「日並」は天武と持統の嫡子草壁皇子の〝日並知〟に通じます。また柿本人麻呂の歌の解題「日並皇子尊の殯宮《もがりのみや》）の時に柿本人麻呂の作る歌一首」の「日並」と同義です。

　先の景行天皇四〇年の「かがなべて」は夜警の者がヤマトタケルのために歌ったものですが、最後の「十日」は意味不明です。しかし「十日」の倒置（ひっくり返すこと）は「日十」になります。すると隅田八幡鏡銘文の「日十《ソカ》大王」の「日十」（倭王武＝昆支）と同義です。

ヤマトタケルは大王になれなかった悲劇の皇子です。藤原不比等ら『日本書紀』編纂者は天皇になれなかった草壁皇子の分身・虚像としてヤマトタケルをつくったのでしょうか。

第三章　日本古代史集中講義

――隅田八幡鏡と継体天皇

〔二〇一七年三月一〇日〕

1　皇紀二六〇〇年と〈私〉

会場の皆様、お早うございます。ただいま三河塾の権寧準先生からご紹介に与かりました林順治と申します。このたびは私のような者の話のためにお集まりいただきまことにありがとうございます。

私は昭和一五年（一九四〇年、干支は庚辰）の生まれですから、今年の七月の誕生日で七三歳になります。一九四〇年は神武天皇の即位から二六〇〇年目にあたるとされ、一一月一〇日から一四日まで連日、軍人・政府高官ほか五万数千人が集まる「紀元二千六百年式典」が皇居前広場で盛大に行われたそうです。

〔注この式典の模様はインターネット第二三号日本ニュースNHK戦争証言アーカイブでみることができます。この式典のためにつくられた奉祝国民歌「紀元二千六百年」の歌詞〝今こそ祝えこの朝《あした》紀元は二千六百年ああ一億の胸はなる〟よりも替歌の方がはるかに当時の国民に浸透したそうです。ちなみに替歌は次の通りです。〕

「金鵄」上がって一五銭
栄えある「光」三〇銭

今こそ来たぜこの値上げ
紀元は二千六百年
ああ！　一億の民は泣く

この年はヒトラー政権下のベルリン大会（一九三六年）に続く第一二回オリンピック東京大会開催の予定でしたが、日中戦争（支那事変、一九三七年勃発）の長期化により中止となりました。また紀元二千六百年行事の準備のため橿原《かしはら》神宮（奈良）や畝傍《うねび》山東北陵の拡張整備をかねて発掘調査をしたところ、遺跡らしいものは何も見つからず、人骨数体が出土したとのことです。

昭和一五年の生まれでだれでも知っている有名人は野球の王貞治さんや張本勲さんです。また今年亡くなった大相撲の大鵬幸喜さんです。この人たちは前人未踏の大変な成績を上げた人ですが、私は本を出版したのは二〇〇一年ですからまだ一二年も経っていません。物書きとしてはほとんど無名です。

先ほど「わたくしのような」と言ったのは自分を卑下しているのではなく、日本古代史上もっとも重要な金石文隅田八幡鏡にまつわる講演会を開いて下さった皆様にとても感謝しているからです。

2　日本国家の起源＝万世一系天皇の物語

さて、このたび与えられましたテーマは「隅田八幡鏡と継体天皇」は日本古代史の最大の秘密（虚構）を解く素晴らしいテーマですが、とても難しいテーマでもあります。日本国家の起源＝万世一系天皇の歴史に踏み込むことになるからです。

日本の歴史を学ぼうとしたら天皇の起源を学ぶことになります。このことは現代日本の象徴天皇制にかかわる現実的な問題に直面します。「日本の歴史とは？」という問いは「天皇の起源とは？」という問いに直結します。つまり今日おかれている私たちの生きている現在の世界にも通じるややこしく、古くて新しい話にもなります。このことを念頭においていただきたいと思います。

ところで隅田八幡鏡銘文は錚々たる文献・歴史学者・考古学者による約一〇〇年の論争を経て未解決とされています。また『日本書紀』に書かれている継体天皇の出自と即位も矛盾だらけで、それぞれの研究者の解釈も「てんでんばらばら」でどの本を読んでも出口が分からない迷路に迷い込んでしまいます。

一〇〇年もの長い時間がかかっているにもかかわらず、なぜ中途半端に放置されているのかおおよその見当はつきます。おそらくそれは私たち日本国民が明治維新以降は天皇制国家、戦後七〇年は象徴天皇制のもとで生活したからでしょう。したがって私がこれからお話することは、天皇制はもちろん象徴天皇制の根幹を揺るがしかねないことにもなります。

少し具体的にお話しすることにします。現在日本には群集墳などを含めると約一五万基前後の古墳があると言われています。その中で最大の古墳は堺市の百舌鳥古墳群の仁徳陵（大山古墳、大仙古墳）と堺市に接する大阪羽曳野市の古市古墳群の応神陵（誉田古墳）です。

その大きさは仁徳陵が四八六m、応神陵が四二五mあります。その二つの古墳の一つ仁徳陵には百済蓋鹵王（在位四五五―四七五）の弟余紀、もう一つの古墳応神陵には余紀の兄（余昆）が埋葬されているというびっくりするような話です。

しかしもっとびっくりするのは、いま目の前にある、いつでもその気になれば見ることのできる日本最大の古墳の被葬者がだれかまだわかっていないことです。私がここで申し上げたいことは、まず驚き、次に不思議に思わなければ真実の発見はできないということです。

3　冊子『国宝人物画像鏡の出土地「妻の古墳」の研究』

隅田八幡人物画像鏡の銘文論争で正解に近い論文を書いた数少ない研究者の一人で、明治三八年（一九〇五）に生まれ、昭和五一年（一九七六）に亡くなった藪田嘉一郎という人がいます。この人は在野の研究者というより、京都大学史学科を中退して編集者となり、京都で美術関係の編集にたずさわり、私のあやまりでなければこの名古屋の地で総芸舎という出版社を創立しています。

藪田嘉一郎は金石文に関する学術的な本を出版しています。いわば大和書房の創業者で現在も執筆活動をしている大和岩雄さんのような古代史のエキスパートです。松本清張も藪田嘉一郎の書いたものを信頼し、二人の付き合いは藪田嘉一郎が亡くなるまで続いたそうです。

私が藪田嘉一郎に注目したのは次に述べるようなことからです。藪田嘉一郎は総芸舎から『紀伊の古墳（I）』という本を出しました。この本は『国宝人物画像鏡の出土地「妻の古墳」の研究』（約三〇頁の手書きの冊子、昭和二九年発行）を書いた生地亀三郎と金谷克己（当時国学院大学助手）という人の共著です（拙著『馬子の墓』に詳述）。

生地亀三郎の〝手書きの冊子〟は簡単に言いますと、かつては隅田八幡神社（和歌山県橋本市）に保存されていて、今は上野の東京国立博物館にある隅田八幡鏡が、実は天保五年（一八三四、将軍徳川家斉の時代）に紀ノ川沿いの妻の小山とも呼ばれる瓦粘土採掘現場から出土したもので、後日、隅田八幡神社に献納されたという話を当時教育委員の生地亀三郎が地元の人々から聞き取りをしてまとめたものです。

生地亀三郎と金谷克己共著の『紀伊の古墳（1）』は、現在、愛知大学の豊橋校図書館と東京国立博物館資料館にしかないのです。なぜ、二冊しかないのか謎です。編集者の経験からすれば、何かのトラブルで絶版になったのではないかと考えられます。版元の総芸舎代表の藪田嘉一郎がその事情を一番よく知っているはずです。

しかし今は確かめようがありません。数年前、愛知大学図書館を訪ねてその本の書誌的背景を調べる約束を司書の方としましたが、私の都合でとりやめになったままです。実は先日、その本があるのは愛知大学なのか、愛知教育大学だったのか思い出せなかったので、念のため愛知大学の名古屋校に電話を入れてみましたところ、確かに豊橋校の図書館にあることが確認できました。そして現在『紀伊の古墳（1）』は、愛知大学と東京国立博物資料館のほかに一二件所蔵している図書館がみつかったとのことでした。

このように何年か経ちますと、物忘れや記憶違いがありますので、今回の講演のこともあり隅田八幡鏡の解説も少しは改善されたと思い、数年ぶりに東京国立博物館の考古展示室に行って見ました。しかし変わっていたのは展示場所と元の説明に数ヵ所付け足されていたぐらいでした。参考のために書き写してきました。

メガネをはずしたりかけたりしながらガラス越しにメモしていると、若い女性の監視員が「ガラスに触れないで下さい」と飛んできました。文句の一つでも言ってやろうかと思いましたが、昨今、年寄りのクレイマーやストーカーが増えたという新聞・週刊誌の記事が多いので黙ってやりすごしました。

さて、国立博物館考古館の説明とは次の通りです。

江戸時代天保年間の「紀伊国名所図会」で知られていたが、銘文の解説は大正三年（一九一四）の当館の講演会で発表された釈分が初めてです。中国製の神人歌舞画像鏡をモデルにした倭鏡で、内外文様が逆転し、紀年や固有名詞と銘文にも逆文字が認められます。中国製の画像鏡をまねた国産鏡です。各区に「大王年」や「意柴沙加宮」といった大王や宮の名と思われる文字により、古くから「記紀」との関連について議論があり、制作年代もさまざまな説があります。

「大正三一年（一九一四）年の当館の講演会」とは、考古学者の高橋健自が「在銘最古日本鏡」と題してこの年の九月に講演したことを言います。しかしこのような説明では何もわかりません。約一〇〇年間の論争の中身も意味も伝わらず、この鏡がなぜ国宝としての価値があるのか理解できません。

また昨年、私は隅田八幡鏡が模倣したという各地の古墳から出土した鏡（神人歌舞画像経）一二枚のうち三枚が所蔵されているという青山の根津美術館に行きましたが、何故か展示はされていませんでした。『八幡神の正体』や『古代七つの金石文』にも書きました『船氏王後墓誌』（国宝）も所蔵されているという東京日本橋の三井記念館でも見ることはできませんでした。

4　私の編集経歴と三一書房の創業者竹村一

そもそも私は古代史研究とはあまり関係のない在野の人間です。今年亡くなりました考古学者森浩一などは毎日仁徳陵を見ながら学校に通ったそうです。多くの考古学者はもちろん、歴史学者は大阪や奈良の出身者が多いのです。

むしろ私は文学や哲学に興味がありました。それも本格的に読書を始めたのは大学受験のため東京に出て浪人生活をしていた頃です。その私がなぜ古代史に飽くなき興味をもつようになったのかお話ししたほうが、隅田八幡鏡の意味と価値が皆さまに理解していただけるように思えますので、私の固有の体験から得た事柄を皆さんにお伝えしたいと思います。

私の著作物をご覧になった方は本の奥付の著者略歴からすでにご承知でしょうが、私は早稲田大学露文科を中退したのち一時毛沢東語録で知られた今はなき宮川書房という出版社で二年ほど電話セールスや大型本の企画編集などをしてから、約一〇〇〇万部のベストセラー五味川純平の『人間の条件』で有名になった三一書房に、一九七二年の秋に中途入社しました。

戦後まもなく京都で生まれた三一書房は、天皇制と在日朝鮮人問題と部落問題を三本柱とした出版社です。私は四年の営業を経て創業者の一人竹村一さんの引きで編集部に移りました。営業部の時は私の担当地域は東海地方で、静岡・伊勢方面の書店は年に二度ほど常備契約をかねて定期的に回りました。名古屋は大小の書店が名古屋駅前に集中していて活気に満ちた書店回りは楽しいものでした。

編集部に移って竹村さんから私に渡された最初の原稿は朴慶殖《ぼくきょんしょく》さんの『在日朝鮮運動史』でした。当時、朴さんは調布に住んでいました。すっかり仲良しになり、朴さんの家に泊まったり、朴さんに連れられて池袋や新宿のお店によく飲みに行ったりしました。

一九八一年には『在日朝鮮人――私の青春』の出版パーティを開き、たくさんの在日の知人・友人が集まりました。その後、朴さんの編集担当は変わりましたが、朴さんは『在日朝鮮人関係資料集成』全五巻（一九一五～一九四五）を三一書房から出版しました。

私はまた、双葉社から出版されてベストセラーになった千田夏光の『従軍慰安婦』を私独自の企画で三一新書（上・下）の二分冊にして出したところ大きな反響を呼び、三万部以上の増刷になりました。竹村さんに大いに喜んでもらったことを忘れません。

5　『あぶない化粧品』の著者にして友人の船瀬俊介さん

そんな中、竹村さんから元農林参事官であった竹内直一さんが立ち上げた「日本消費者連盟」（略称「日消連」）の運動パンフレットを執筆している船瀬俊介さんを紹介されました。三一書房の竹村さんと日消連の竹内さんは京都一中の先輩・後輩のいわばツーカーの関係でした。

一方三井鉱業所が近い炭鉱の町・田川市出身の船瀬さんは九州大学の理学部に入学しま

したが、学生運動に嫌気がさして早稲田大学文学部の社会学科に入り直して、卒業後はそのまま日消連のスタッフに加わりました。現在、船瀬さんはフリーの物書きとして医療・環境・その他の執筆・講演で大活躍しています。

彼は今もそうですが、当時はまるで糸の切れた凧のようで捕まえるのが大変でした。私は朝の七時頃電話を入れて、まだ眠っている彼をよく起こしました（というのは私は無類の早起きで執拗なタイプ）。船瀬さんは哲学・文学・政治とくに映画・娯楽に通じ、弁舌に優れかつ聞き上手でした。彼はのちに私の石渡（古代史の師）説の聞き役になり、「私は石渡信一郎の孫弟子だ」と広言するほどになりました。

その船瀬さんが日消連で執筆した『あぶない化粧品』を私が三一新書にしたのが一九七九年の六月です。この化粧品シリーズだけで約一〇〇万冊の売り上げに達しました。船瀬さんの日消連への貢献はなみなみならぬものでしたし、私の編集者としての社内の立場もすこぶる安定したものになりました。

そもそも創業者の竹村一さんは古代史にとても興味をもっていて、私が入社する三年前に原田大六さんの『邪馬台国論争』を出版し、次は『日本国家の起源』を原田大六さんに書かせるために博多に二度出張し、「大六は難しいやっちゃな」と言ってよく編集会議で自慢していました。

竹村さんは、私が編集部に移籍した年、「京都大学人文科学研究所（略称・京大人文研）のグループを紹介してやる」からと言って、私を二泊三日で京都に連れて行ってくれました。初日の夜は竹村さんの友人で渡辺徹先生と人文研のクループ一五人ほどが集まり会食しました。

いま記憶に残っている方は日本史の飛鳥井雅道、世界史の富岡次郎の両先生です。そのときの竹村さんの主要な仕事は、『邪馬台国はなかった』の著者古田武彦さんに執筆依頼をすることとでした。古田さんは当時京都市郊外に住んでいたからです。

『邪馬台国はなかった』は一九七一年に朝日新聞社から出版され、翌七二年には梅原猛氏の『隠された十字架』が新潮社から出版され、両書とも破格のベストセラーになりました。そして高松塚古墳の壁画が発見されたのも七二年ですが、あさま山荘事件が起きた年でもありました。

6　原田大六の『邪馬台国論争』と菅江真澄の郷土史

私が竹村さんに同行して京都に行ったのは一九七六年ですから、私の古代史の師となる石渡信一郎氏に出会うまで約一二年の空白期間があることになります。私が担当した石渡氏の『応神陵の被葬者はだれか』の出版が一九九〇年の二月で、石渡信一郎氏に出会ったのはその二年前の一九八八年の三月の末頃です（石渡氏との出会いの場面は私の最初の著作『馬子の墓』の冒頭に詳述）。

三一書房に入社した当時の日本の歴史についての知識といえば、原田大六の『邪馬台国論争』と「後三年の役」と菅江真澄の郷土史ぐらいでした。しばらくして菅江真澄の著作を通して、深井という私が育った集落から二㎞、雄物川上流左岸にある足田《たらだ》という横手盆地の最南端に位置する場所が、鎮守府将軍大野東人が天平九年（七三七）多賀城から秋田城に至る道をつくるために攻略しようとした雄勝村であることを知ったのです。

その後、雄勝柵はエミシの攻撃によって何回か奪還され、ついに七六〇年藤原朝獦《あさかり》（藤原仲麻呂の四男）によって雄勝城が完成されたことを『続日本紀』から知ることができるようになりました。その朝獦が建立した多賀城碑こと壺碑《つぼのひ》については私の直近の著作『古代七つの金石文』でかなり詳しく書いています。

私は東京に生まれましたが、四歳のとき父母の郷里秋田県横手市雄物川町深井（旧、平鹿郡福地村深井）に移住してそこで育ちました。私は一一人兄弟の末っ子ですが、東京で生まれたのは私だけです。父母兄弟はみんな横手盆地の出羽丘陵沿いを北流する、冬は雪の多い雄物川の辺《ほとり》、太平洋側の大船渡から日本海側の本荘間を走る国道一〇七号線沿いの集落深井という村で生まれています。

東京の空襲を避けるためにこの深井に移住したのは昭和一九年で、上の兄たち四人がそれぞれ満州、ニューギニア、フィリピンに徴兵されたからです。

ところで菅江真澄は宝暦四年（一七五四年、徳川家重の時代）に三河国渥美郡牟呂村（現在の豊橋市牟呂公文町）に生まれたと言われていますが、亡くなった所は秋田県の角館とされていて、現在では秋田県仙北郡田沢湖梅沢とされています。菅江真澄の墓は古四王神社（秋田市寺内児桜、旧秋田城内）の近くにあります。

古四王神社の社伝によると、崇神天皇の四道将軍大彦命が北陸道に派遣された際、北方の鎮護のために武甕槌神《たけみかづち》を齶田浦神《あきたのうらのかみ》として祀り、次いで斉明天皇の時代、阿倍比羅夫《あべのひらふ》が秋田地方に来た時、自らの祖である大彦命を合祀し、越王神社（古四王神社）として創建したとされています。

菅江真澄は久保田藩主佐竹義和に出羽六郷の地誌の編纂を頼まれ、亡くなるまでその仕事を続けたのです。著作には『月の出羽路』『雪の出羽路』などがあり、菅江真澄については内田武志著の『菅江真澄の旅と日記』など何冊か優れた本があります。

「後三年の役」については、そもそもＪＲ奥羽本線横手→飯詰→後三年の駅の近くに金沢の柵があり、私の育った深井という集落は源義家の数万の軍勢に攻められたという清原家衡《いえひら》の沼の柵（現秋田県横手市雄物川町沼館）の近くです。

菅江真澄の「後三年の役」（一〇八三年）の前に起きた源頼義と安倍貞任の戦「前九年の役」（一〇六二年）について書かれた『陸奥話記』から私は「前九年と役」と「後三年の役」の全容を知ることができたのです。

7　石渡信一郎の『応神陵の被葬者はだれか』

さて、私が石渡信一郎氏に出会ったのは、一九八八年の三月の末頃だったと話しましたが、石渡説がなぜ凄いのか、どうしてそのことが理解できるようになったのかお話したいと思います。「大韓航空機事件の真相を究明する会」のオーガナイザーの一人でかつ私が担当する著者仲間のM氏から日航の整備技術者のS氏を紹介されました。

S氏は都立千歳高校（歴史作家井沢元彦氏の出身校）における石渡信一郎氏の教え子でした。そのS氏から「私の知り合いの元教師が今はアイヌの研究のため札幌に住んでいる。何か難しい古代史の本を書いたが、原稿を見てくれないか」と頼まれました（『大韓航空機事件の研究』は一九八七年、三一書房から出版されています）。

　そこで三一書房に近い山の上ホテルのロビーで紹介者のM氏とS氏と石渡氏と私の四人で会合をもちました。その時預かった原稿と同じ内容のものを九月半ば頃、石渡さんは『日本古代王朝の成立と百済』と題して私家版で出版しました。

　私は山の上ホテルで「難しいのでもっとわかりやすく書いてほしい」と頼んで完成したのが一九九〇年二月発行の『応神陵の被葬者はだれか』です。企画の段階では『蘇我王朝の興亡』というタイトルでした。

　そしてその一一年後の二〇〇〇年六月に『応神陵の被葬者はだれか』の増補改訂版として書名を変えて出版したのが『百済から渡来した応神天皇』です。この三つの本の書名から、石渡説が何を語ろうとしているのか、この会場にお集まりの方はもちろん、古代史に興味のある方なら一目瞭然のはずです。

　しかし一目瞭然と言っても、その本の中身と価値がわからないのでは理解したとは言えません。私にとって石渡氏から預かった最初の原稿（『日本古代王朝の成立と百済』）は、言ってみれば私の無知のため体よく断わった原稿で、イージーな気持ちで自宅の書棚に差し込んでいたのです。

　普通でしたら『応神陵の被葬者はだれか』は出版されることはなかったでしょう。石渡さんは意味も価値もわからない編集者のために『応神陵の被葬者はだれか』を書く気が起こらなかったはずです。

実は、私は妻がクリスチャンだったこともあり、また編集者としての知識と教養のためにも、当時発売されたプロテスタントとカソリック教会による活字の大きい新共同訳の『聖書』を最初から最後まで二度ほど繰り返して読んでいました。

私は会社の誰よりも早く出社して、午前中に著者との電話連絡や原稿の割り付け作業を済ませた後、午後四時頃に帰宅すると真新しい聖書をもって夕日のさすヴェランダ近くの窓際で枕を背にして横になるのが常でした。「創世記」から始まる「モーセ五書」はモーセが神と契約した「十戒」とその違約によって民が罰せられる国家形成の苦難の物語です。

当時、私の最大の関心事は「故郷喪失」と「神の概念」でした。いかなる偶像をも否定するユダヤの唯一神は山川草木《さんせんそうもく》を崇拝する日本古来の神仏混淆とは対照的です。いったい日本の神とは何か、何が私をして山や川や木々を懐かしくさせるのか。私は聖書を読みながら日本の神と故郷喪失の問題を考えていました。

8　私家版『日本古代王朝の成立と百済』の挨拶状

石渡氏と山の上ホテルで会ってから五ヵ月ほど経った八月の終わり頃です。私はふと机の横の書棚に差し込んでいたA四判の白い束になった感熱紙（ワープロの印刷用紙）に気がつきました。石渡氏から預かった件《くだん》の原稿です。私はその時、故郷の村々にある八幡神社とその神について何か書いてあるかもしれないと思い、はやる気持ちで原稿用紙をめくっていきました。

すると原稿の第九章の終わりあたりに「昆支の神格化・八幡神」という文字列を見て、私の心臓の鼓動は頂点に達していました。いったい昆支とはだれのことなのか。そして今度は逆にページを遡《さかのぼ》ってめくっていくと「第六章　百済の王族余昆（昆支）＝応神天皇」とあります。

事の重大性に気がついてから三日後になんと私のもとに白いカバーの表は藤の木古墳出土の鞍金具、裏に隅田八幡鏡が印刷されたA五判並製横組みの本（『日本古代王朝の成立と百済』一九九八年八月一五日発行）が送られてきたのです。そして本と一緒に日本古代史解明の要旨が書かれた挨拶状が同封されていました。この挨拶状は次の通りです。

私はこの度『日本古代王朝の成立と百済』を私家版でだすことになりました。本書の特徴は、①古墳時代に朝鮮半島からから多数の渡来者があったとする人類学者の新しい学説と、②応神陵の年代を五世紀末から六世紀の初めとする地理学者の日下雅義氏の学説に基づいて日本古代史の謎の解明を試みたことです。

こうした試みはいまだになされたことはありません。人類学の研究成果によれば、日本古代国家を建設したのは概念の不明確な騎馬民族でなく、朝鮮から渡来した古墳人だと考えるのが自然です。また、応神陵は五世紀〜六世紀初めの倭国王の墓とみることができます。

また継体は応神の弟で、八幡鏡（隅田八幡鏡）の男弟王であり、この王が仁徳陵の被葬者であることを突き止めることができました。つまり記紀に見える応神と継体の間の一〇人の天皇、すなわち仁徳から武烈までの一〇人の天皇はみな架空の天皇であることがわかりました。本書は記紀が隠した、このような古代天皇家の秘密を明らかにしたものです。

私は『日本古代王朝の成立と百済』を携え、急遽、札幌在住の石渡氏を訪ねました。上野発朝七時の新幹線で盛岡まで行き、盛岡で函館行きの特急に乗り換え、函館でもう一度乗り換えて夕方の六時半に札幌駅に到着しました。その間、『日本古代王朝の成立と百済』を読み続けました。翌朝、石渡氏に私が泊まっているホテルの部屋に来てもらいました。石渡さんはいまの私のように耳の聞こえが悪かったので、静かな部屋で話をしたかったのです。

札幌には二日泊まりました。東京に戻るときに札幌駅まで見送りに来た石渡さんが、私を励ますつもりだったのか「今度の本（『応神陵の被葬者はだれか』）はきっと驚天動地の波紋を呼び起こしますよ」と私に耳打ちするかのようにささやいたことを忘れることができません。

遠く流れていく札幌郊外の風景とリズミカルな列車の振動が私の興奮を鎮めてくれました。「いったいあの巨大古墳の応神陵に百済の王子が埋葬されていることなどありうることだろうか」と何度もつぶやきながら、有珠山《うすざん》から立ち上る噴煙が見える頃ようやく眠りにつきました。

私は二度生まれ変わりました。かつて二二歳のときに受けたインスピレーション〝故郷喪失の発見〟に加えて、今回（四八歳の時）の『日本古代王朝の成立と百済』から受けた〝八幡神＝昆支の発見〟によって、日本と世界の歴史のなかに位置する自分に確信をもてるようになったのです。

『応神陵の被葬者はだれか』の出版直後、新聞・テレビ・週刊誌その他の古代史関係の研究者を含めて約五〇冊献本しました。しかし古代史一般の解説本ならいざ知らず、一〇〇年近い論争を経て解読されなかった隅田八幡鏡の銘文解読に充分成功した可能性のある石渡説に、たった一行も、一言も反応がなかったのは不思議でなりません。

9　隅田八幡鏡銘文はいかに解読されたか

すでに皆さまご承知でしょうが、念のために石渡氏が一九九〇年（ベルリンの壁崩壊の翌年）に出版した『応神陵の被葬者はだれか』に載せた隅田八幡鏡の銘文解読をここで紹介させていただきます。銘文は四八文字ですが、ここでは石渡氏の解読文を読み上げます。

◎癸未年八月日十大王年男弟王意柴沙加宮在時斯麻念長奉遣開中費直穢人今州利二人等取白上同二百旱作此竟

◎癸未年（五〇三）八月、日十《そか》（昆支）大王の年（世）、男弟王《おほどおう》（継体）が意柴沙加《おしさかの》

宮《みや》（忍坂宮）に在《いま》す時、斯麻《しま》（武寧王）は男弟王に長く奉仕したいと思い、開中《へちゅう》の費直《こおりちか》（武将）と穢人今州利《わいじんこんつり》の二人の高官を遣わし白い上質の銅二百旱を使ってこの鏡をつくらせた。

この銘文の最大の難問は「日十大王」です。一〇〇年も経て誰も解けなかった「日十大王」を石渡信一郎氏はほぼ一〇〇%解いたのですから、奇跡としか言いようがありません。「記紀」には「日十大王」という天皇はいっさい登場していませんから、ほとんどの研究者は「十日」の誤りとしたり、「ジジュウ」と読んだりして「記紀」に書かれている天皇の名を上げました。

この「日十大王」は日本古代史のキーパーソンであり、この隅田八幡鏡銘文も「日十大王」が誰か、その正体を明らかにすることができなければ解読することは不可能だったのです。したがって隅田八幡鏡銘文は「記紀」に慣れ親しんだ研究者・学者にとって歯の立たない難しい金石文であったのです。

ちなみに隅田八幡鏡銘文に出てくる「癸未年」とか、稲荷山鉄剣銘文の「辛亥年ワカタケル大王の時……」の「辛亥年」は干支と言います。皆さんが普段もっている手帳の巻末にも載っています。「干支」とは十干「甲・乙・丙・丙・丁・戊……」と十二支「子・

丑・虎・卯・辰……」を組み合わせたものです。一〇と一二の最小公倍数は六〇になるので、干支一運は六〇年で一周することになります。干支一巡あるいは干支一運とも言います。

「還暦」とは干支が一巡することで六〇歳になったことを意味しています。そして一〇個の干を木・火・土・金・水の「五行」の「兄《え》」と「弟《と》」に二個ずつ配置します。戦後育ちの私たちにとっては、とてもややこしく、実際むずかしいのですが、ネットなど操作できる人には簡単にわかりますし、「干支紀年表」などは拙著の『日本人の正体』、『古代七つの金石文』などに載せていますので、具体的に当たれば比較的簡単に理解することができます。

古代史を理解するにはこの「干支紀年表」に慣れることです。というのは『日本書紀』が頻繁に使う手ですが、架空の神功皇后を実在の卑弥呼に見せかけるために実際には三七二年（干支は壬申）に百済王から倭国王に贈られた七支刀を干支二運（六〇×二運＝一二〇年）遡らせて神功五二年（干支は壬申）に贈られられたと書かれているからです。

ところで私は一九九〇年の『応神陵の被葬者はだれか』を手始めに二〇〇一年の『蘇我大王家と飛鳥』まで石渡氏の本を約一年に一冊、合計一二冊出しました。その間、畿内・関東の古墳はもとより、九州は菊池川中流左岸の熊本県江田船山古墳から北九州沿岸の古墳を一周して国東《くにさき》半島の赤塚古墳、そして国東半島の沖合の姫島、出雲・岡山・瀬戸内海沿岸の古墳、北は岩手県胆沢町（現奥州市）の角塚古墳や和賀川流域の江釣子《えづりこ》古墳群を訪れました。

古墳ばかりではありません。紀ノ川右岸の隅田八幡神社はもちろん宇佐八幡、石清水《いわしみず》八幡、鶴岡八幡宮、河内源氏三代頼信・頼義・義家の墓がある羽曳野の通法寺（今は廃寺）の境内の坪井八幡宮にも行きました。河内源氏三代は応神・継体が引き連れて来た百済住民の末裔であり、彼らこそ河内湖を埋め立て大阪平野の原型を造った開拓民の子孫です。

こうして私は石渡信一郎氏のマスターキーを借り受けて日本古代史の驚くべく史実をやすやすと理解することができるようになりました。以来、このマスターキーを多くの皆さんにお伝えしたく、自分でも本を書くようになったのです。

10　「記紀」にも登場しない「日十大王」とはだれか

次に継体天皇の出自と即位の問題について述べたいと思います。継体天皇の出自と即位と晩年の死について学者・研究者の見解がばらばらであることは冒頭に申し上げました。

これらの矛盾をいちいち明らかにすることは容易なことではありません。もともと根拠のないものをあるかのように探しても見つからないはずです。石渡説を知るようになってからそのことがよくわかりました。

　しかしこれら先学の研究や知識が役に立たなくなったと言うのではありません。取捨選択して取り入れ、よりいっそう有効に用いることができるようになったのです。そこで石渡信一郎氏によって隅田八幡鏡銘文がほぼ完全に解読されたものとして、氏が隅田八幡鏡銘文をどのような史実として解読したのか述べようと思います。

　石渡氏は隅田八幡鏡の「癸未年八月日十大王年」の「癸未年」を五〇三年とし、「日十大王」を『宋書』倭国伝に記録されている倭の五王「讃・珍・済・興・武」の倭王武であるとしました。倭王武とは四六一年に倭王済に婿入りした百済蓋鹵王《こうろおう》の弟昆支のことです。

　当時、倭王済（「記紀」の尾張連草加）は大和川と石川の合流地点（誉田陵＝応神陵を中心とする古市古墳群の東端）を本拠としていました。その後、倭王武＝昆支は倭王興（倭王済の長子、武の義兄）の後を継ぎ倭国王となります。そして宋の昇明二年（四七八）五月、宋の皇帝順帝に高句麗戦に備えて援助を要請する「上表文」を送ります。

　四七九年倭王武（昆支）は斉《せい》（四七九―五〇二）の武帝（在位四八二―四九三）から鎮東大将軍に奨められ、四九一年に東加羅《ソカラ》大王＝「日十大王」として百済系ヤマト王朝を立てます。この「東加羅」は崇神を始祖王とする垂仁＋倭の五王「讃・珍・済・興・武」の崇神王朝（三輪王朝）の「南加羅」に対応する王朝名で「ソカ」トモ「アスカ（ラ）」とも呼ばれます。

「蘇我氏」の「ソカ」も「日本」という国名も「日十」＝「日下（日のもと）」（東の意味）がこの字に変化したものです。古代朝鮮語では「東」は「ソ」と読まれているからです。

五〇六年に亡くなった倭王武＝昆支が誉田陵（伝応神陵）に葬られたときには、すでに今の橿原神宮の南一帯の地に都が定められていました。ちなみに「誉田陵」の「誉田《ホムタ》」は昆支の「コムキ」が転訛した地名です。つまり「誉田陵」は「昆支の御陵」という意味です。

したがって百済武寧王（在位五〇一―五二三）が鏡を男弟王（継体）に贈った癸未年（五〇三）、男弟王（『日本書紀』は男大迹王と表記）は次期皇位継承者として意柴沙《おしさ》加宮《かのみや》（忍坂宮、奈良県桜井市忍坂）に住んでいたのです。

百済武寧王が男弟王に長寿を願って鏡を贈ったのは、叔父の男弟王が父昆支の後を継いで大王になることを知っていたからであり、加羅の領有権ならびに新羅との緊張関係に対しては、叔父の男弟王は武寧王にとって最も信頼できる後見人であり、保護者であったからです。『日本書紀』継体紀に任那《みまな》領有権に関する記事がとても多いのは継体と武寧王が叔父と甥の関係にあったからです。

11　隠された辛亥年（五三一）のクーデター

以上は隅田八幡鏡から検証された史実ですが、『日本書紀』によると継体（男大迹王）は応神天皇の五世孫とされ、父彦主人王《ひこうしおう》の本拠地（滋賀県高島町）で生まれ、父が亡くなったのち母振姫の郷里越前三国で育てられたことになっています。

武烈天皇が五〇六年に亡くなったので、大伴金村らの要請によって越前から迎えられた男大迹王が五八歳の時楠葉宮《くすは》（現枚方市）で即位し、筒城宮《つつき》（京都市綴喜郡）→弟宮《おと》（現向日市）に移り、即位後二〇年目（継体天皇二〇年＝五六年）に初めて磐余玉穂宮（桜井市の中西部から橿原市東部）に遷都します。

継体はようやく兄昆支（＝応神）の明宮《あきらのみや》（橿原市大軽付近、見瀬丸山古墳の近く）に宮殿を造ったのです。その時の継体の年齢は七八歳になります。しかも『日本書紀』は弟国から磐余に遷都する間の二〇年間については「一七年武寧王が亡くなった」、「一八年百済太子明（聖明王）が即位した」とたったの二行の記事で済ませています。

これら継体天皇が即位するまでの『日本書紀』の腑に落ちない一連の記事のなかで史実に近いのは、継体が即位晩年に橿原大軽の近くに宮殿を造ったことぐらいです。ちなみに『古事記』は継体が五二七年（継体二一年）四〇歳で亡くなったとしています。であれば継体は桜井の玉穂宮に遷都した翌年に亡くなったことになります。

しかし『日本書紀』は継体が八二歳で亡くなったとしています。この不一致は『日本書紀』と『古事記』の単なる違いとみてよいでしょうか。「記紀」編纂者が何か重大な事柄、つまり継体について知られては都合の悪いことを隠しているのではないかということです。

そして『日本書紀』の継体紀で最も不可解な記事は継体天皇二五年（干支は辛亥、五三一）の次の記事です。

二五年天皇は磐余玉穂宮で亡くなった。年齢は八二歳である。〔ある本によると、二八年甲寅の年（五三四）に亡くなったという。しかし、百済本紀によると辛亥年（五三一）に亡くなったとあるので本書はそれによる。〕百済本紀に「辛亥の年の三月、日本の天皇と太子はともに亡くなった」という。これによると辛亥年は二五年（五三一）にあたる。後に勘合する者が明らかにするだろう。

この辛亥年＝五三一年は稲荷山鉄剣銘文のオワケ臣「辛亥年の七月記す。……ワカタケル大王斯鬼宮《しきのみや》にある時、我天下を左治する」の「辛亥年」に関係します。もっとも重大な欽明天皇＝ワカタケル大王のクーデターが「あったのか、なかったのか」の論争になりますので拙著『古代七つの金石文』をご覧ください。

現在中学・高校で使われている検定日本史教科書は稲荷山鉄剣銘文の「辛亥年」を四七一年、ワカタケル大王を雄略天皇としています。しかし石渡説では「辛亥年＝五三一年」「ワカタケル大王＝欽明天皇（天国排開広庭天皇）」です。

最後に継体天皇の出自について現在私の知りうることを皆さんにお話しして終わりにしたいと思います。

12　『宋書』倭国伝の冠軍将軍＝余紀が継体天皇

『宋書』倭国伝大明二年（四五八）条によると、前年、鎮東大将軍に就いた百済蓋鹵王《こうろおう》

（余慶）は、宋朝に「行冠軍右賢王余紀等一一人」の叙正を求め、認可されています。認可された将軍の序列を上から列記すると征虜将軍（左賢王余昆）・冠軍将軍（余紀）・輔国将軍（余都）です。

輔国将軍の余都は余昆（昆支）の叔父文周王（在位四七五―七六）のことです。文周王は蓋鹵王が高句麗の侵略（四七五）によって殺害された後に即位した二二代目の百済王です。文周王は漢城（ソウル）が陥落したので熊津《ゆうしん》（忠清道公州市）に遷都します。文周王は『三国史記』では蓋鹵王の子になっていますが、これは虚構であり、実は昆支の母方の伯父であることが明らかになっています。

百済史の研究において大きな業績を上げている坂本義種は「百済において左賢王が大王に次ぐ地位ですが、今回の叙正願は行冠軍右賢王余紀等一一人とあるので、右賢王余紀の方が高位にあるかのように思えるが、左賢王の地位が上である」と指摘しています。しかし東アジア史に歴史学者の鈴木靖民は「余紀」が特に叙正を請う上表の筆頭に挙げられている理由はわからないとしています。

余昆（昆支）も余紀も姓が「余」であることから、二人は高句麗同様、扶余族を出自とする百済王族の兄弟です。『三国史記』は后妃の名や序列は何も記録していないので推測になりますが、毗有王《ひゆうおう》（余毗）には蓋鹵王を長子として余紀を末子とする腹違いの子が多くいたと考えられます。余紀を生んだ母が余昆を生んだ母より位階が上だった可能性があります。

石渡氏の研究では昆支は四四〇年の生まれですから征虜将軍任官の時の年齢は一八歳です。先述しましたように石渡氏は隅田八幡鏡銘文から「日十大王」と「男弟王」は兄弟と見ていますが、継体＝男弟王が昆支の弟のだれであるかは具体的に特定していません。

石渡氏は隅田八幡鏡銘文を自明とするあまり検証することを失念していたのかもしれません。あるいは氏の学問的姿勢から余紀が『宋書』倭国伝大明二年条に一度しか登場していないこと、『三国史記』を含めてその他中国の史料にもその名が見えないことから論証不可能とみて保留状態にしていたのかもしれません。

◇隠された兄弟関係

四世紀から五世紀にかけて、倭国西部から朝鮮半島を席捲した巨大氏族紀氏なる集団が『日本書紀』にたびたび登場しますが、巨大氏族紀氏の謎は継体天皇における前半生の不可解さに共通するものがあります。

継体系王統下の「記紀」編纂者は、徹底して昆支こと応神が百済で生まれたことを隠そうとした以上に、自らの始祖王継体が昆支と兄弟であることを隠そうとしたにちがいありません。「継体紀」の一連の腑に落ちない記事がそのことを物語っています。

このことは秦氏《はた》についても言えます。秦氏は『日本書紀』の「応神紀」「雄略紀」に登場する謎の氏族です。来月出版予定の『法隆寺の正体』にも書きましたが、応神天皇一四年条に百済から一二〇県の民を率いて帰化したと記されている弓月君《ゆづきのきみ》が秦氏の祖先であると記されています。

『新撰姓氏録』（弘仁五年＝八一八）では秦の始皇帝の末裔とされていますが、秦氏は東漢《やまとのあや》と同族で百済を出自とするのが正解です。応神天皇が昆支（倭王武）の分身であり、また雄略天皇が昆支晩年の子欽明の分身であるとすれば、「応神紀」「雄略紀」に秦氏の記事が多く載っているのは当然といえます。

『日本書紀』における秦氏についての著名な記事は、天国排広庭天皇＝欽明の冒頭の秦大津父《はたのおおつち》です。欽明が皇太子の頃夢で見た二匹の狼が噛み合うのを止めさせた人物として秦大津父を以後寵愛するという話です。秦氏についてごく簡単に述べましたが、この秦氏も継体の出自に深く関係していると私はみています。

したがって四五八年に百済が宋に出した叙正願いのメンバーの右賢王余紀が「男弟王」（継体）の可能性が高いという独自の想定をもとに、以下話を進めます。

13　隅田八幡鏡は東アジアの歴史を知る不朽の宝

余紀＝継体説はすでに私の著作『隅田八幡鏡』の「はじめに」で発表しました。現段階では私の知る限り古代史関係の研究者から何の反応もありませんが、これが本当であれば継体天皇の出自と曖昧に放置されている隅田八幡鏡の存在が、その「意味と価値」において東アジア全体の宝として不朽の位置を占めるものとなるでしょう。

さて、『日本書紀』によると継体天皇は五三一年、八二歳で亡くなっていますので、余紀＝継体とすれば余紀は四五〇年前後の生まれということになります。すると冠軍将軍の余紀の年齢は八歳前後です。余紀が兄の昆支より年が若く、位が低い冠軍将軍であるにもかかわらず、蓋鹵王の上表のトップに名を連ねているのは、百済蓋鹵王の正統なる後継者に予定されていたか、あるいは兄昆支が三年後（四六一）に倭国王済のもとに婿入りすることが決まっていたからかもしれません。

何故ならば倭国王済の元に婿入りするとすれば、百済王の王位継承者の最右翼は扶余族直系の余紀であるからです。余紀が渡来せず、高句麗侵略の時に戦死せずに生きていたとしたら、後継者として文周王よりも早く百済王に即位したはずです。

◎済の娘目子媛と結婚

百済国内の激変により、兄昆支（余昆）が渡来するとき弟余紀は昆支と共に渡来したか、あるいは少し遅れて渡来した可能性が大です。余紀が王位継承者の第一候補であれば、余紀の渡来はもっと遅れて蓋鹵王が高句麗の侵略で殺害された四七五年前後の可能性もあります。その時の余紀の年齢は二五歳です。しかし済（尾張連草加）の娘目子媛《めのこひめ》の婿となった余紀は、四六五年勾大兄《まがりのおおえ》（安閑）と四六六年檜隈高田（宣化）をもうけているので、余紀の渡来は四六五年以前と考えなければなりません。

ちなみに兄昆支（応神）は済の娘目子媛の姉仲姫《なかつひめ》と結婚しています。余紀（継体）が結婚した相手の目子媛と昆支（応神）が結婚した相手の仲姫とは時代が全然違うのではとお思いになるでしょうが、『日本書紀』が男大迹王《おほど》を応神の五世孫とした訳もこの作為のなかにあり、そもそも応神は昆支＝倭王武の分身ですから干支四運（六〇年×四運＝二四〇年）ほど遡らせて神功皇后の子とされているからです。

事実『日本書紀』によれば、応神は仲姫との間に仁徳を生んでいます。しかし先述しましたように仁徳から武烈までの一〇人の天皇は崇神・垂仁＋倭の五王（讃・珍・済・興・武）の代わりに創られた架空の天皇です。

現在では大山古墳（伝仁徳陵）の実年代は五二〇年と五一〇年前後の築造であり、大山古墳と誉田陵（伝応神陵）の築造年代の差は一〇年前後で、大山古墳は誉田陵の築造規格を模倣しているとされています。しかも大山古墳と誉田陵の間は東西同一線上にあり、その距離は一五㎞も離れていません。昆支（応神）と継体が兄弟であることを如実に物語っています。

余紀の倭国渡来とその後に話を戻します。余紀が兄昆支とともに四六一年に渡来したとすれば、石渡信一郎氏の著作『新訂倭の五王の秘密』によれば倭王済は四六一年に亡くなり、その子倭王興は四七七年に亡くなっているので、昆支は倭王武として四七八年に即位したと考えられます。

その頃、余紀（男弟王）は左賢王（皇太子、次期皇位継承者）の地位に就いたと想定できます。余紀こと継体が二八歳の時です。昆支こと倭王武が四九一年に百済系ヤマト王朝を立てた時は余紀こと継体の年齢は四一歳です。余紀は左賢王＝皇太子として兄倭王武＝昆支の補佐役として行政面（河内湖の開拓事業）に専念していたに違いありません。

14　「もののの哀れ」がわかる継体天皇の即位

『日本書紀』継体紀元年（五〇七）正月条に注目すべき記事があります。大伴金村大連・物部麁鹿火《もののべのあらかい》大連・許勢男人大臣の三人が男大迹（継体）を即位させようとして節旗《みはた》をもって三国（福井県坂井郡）まで迎えに行く場面です。

内心疑いのあった男大迹は皇位に就こうとしない。たまたま男大迹を知っていた河《こ》内馬飼首荒籠《うちうまかいのおびとあらご》が使者を送って密かに大臣・大連たちの本意を詳しく説明した。まるまる二日三夜経って男大迹は即位することを決意した。

天皇（継体）は嘆息して「よかった。馬飼首よ、お前がもし使者を送って知らせなかったら危うく笑い者になるところであった。世の人が「貴賎を論じるな、ただその心だけを論じよ」と言うのは荒籠のような者を言うのだろう」と言った。そして即位するにあたり荒籠を寵遇《ちょうぐう》した。その年の正月二四日、天皇は樟葉《くすは》宮に到着した。

継体が即位した樟葉宮は淀川に臨む交通上の要衝の地です。おそらく淀川沿岸は馬飼部の本拠地であったに違いありません。『日本書紀』は継体の父近江国の高島郡（滋賀県湖南地方）を本拠としているばかりか、継体の妃稚子《わかご》媛や広媛の父は近江国の高島郡を本拠にしたとし、大伴金村大連・物部麁鹿火大連・許勢男人大臣が三国まで迎えに行ったと書いています。

しかし樟葉の本拠が淀川の樟葉あたりにあったことは明らかです『日本書紀』編纂者は河内馬飼部と男大迹（継体）の本当の関係がわかれば、継体＝男大迹が河内湖開拓の長官として過ごした即位前の前半生が明らかになるので、継体の居場所を三国に変えたのでしょう。

◇日本のなかの朝鮮文化

『日本書紀』継体紀で延々と記録されている任那分割における百済・新羅・高句麗・倭国の紛争は、加羅系渡来集団によって建国された古代日本の国家建設事業が百済（母国）から渡来した二人の王子、昆支こと余昆と弟の余紀の百済系王統に引き継がれたことを物語っています。

余紀＝継体は、兄昆支が倭王武として四七八年に左賢王となってから五〇七年即位するまでの二九年間は倭王武＝昆支をサポートします。『日本書紀』はこの一九年間の余紀＝継体の事績を完全に隠しています。

余紀＝継体の河内湖の開拓事業は仁徳天皇（継体の分身・虚像）の事績に反映していま
す。『日本書紀』編纂者は応神を昆支の分身としたように、仁徳を継体の分身としたので
す。石渡説の古代史を理解する上で最も重要な命題は「新旧二つの朝鮮半島からの渡来集
団による古代国家の成立」なのです。

旧の崇神を始祖王とする加羅系渡来集団と、新の応神＝昆支を始祖王とする集団は、母国（朝鮮半島南部）にそれぞれ実家・本家をもって故郷としていたということです。わかりやすく言えば、分家が倭国日本にあったのですが、分家が栄え、朝鮮半島にあった本家・実家は衰えたのです。

本居宣長のいう「もののあわれ」は、いわゆる日本人古来のものではなく、故郷を喪失した天皇家固有のものと考えたほうがわかりやすいでしょう。紫式部の『源氏物語』も国文学の対象とするだけでなく、史実からも再検討する必要があります。なぜなら紫式部のスポンサーであった藤原道長は河内淀川周辺の馬の生産に関わった源氏三代（頼信・頼義・義家）と荘園の管理を通して深い関係があったからです。

そろそろ制限時間いっぱいになりそうなので、ここいら辺で私の話は終わりにしたいと思います。「日本のなかの朝鮮文化――東海フォーラム」の皆様のご依頼による講演でしたが、私はこうして皆さんに向かってお話ができたことを心から感謝いたしております。

14　「ものの哀れ」がわかる継体天皇の即位

私も大変勉強になりました。皆さんの目標とする「文化」が東海地方のみならず、日本そして東アジアの文化へ、さらに世界に恥じない文化に発展することを願って、私の講演を終わりにいたします。ご清聴ありがとうございました。

第四章　日本古代史の正体

〔二〇一九年五月三〇日〕

1　天皇の韓国とのゆかり発言

◇平成天皇の記者会見

今から一八年前の二〇〇一年（平成一三）一二月一八日（木）、天皇は六八歳の誕生日（一二三日）を前に宮内記者と会見しました。その際、天皇は記者の一人から日韓共催のサッカーW杯の共同開催国である韓国についての思いを問われ、韓国と天皇家の歴史的関係の話をしました。

二〇〇一年（平成一三、干支乙亥）という年は、四月二三日派閥とは無縁の小泉純一郎が自民党総裁選挙に当選して第一次内閣（二〇〇一年四月二六日－二〇〇三年一月一九日）を組閣して国民を驚かせます。この年の九月一一日、アメリカではハイジャックされた大型旅客機四機のうち二機がニューヨークの貿易センタービル（五二八m、一一〇階）、一機がワシントンの国防省（五角形を表わす英語の「ペンタゴン」）に激突、二一世紀の始まりを象徴する同時多発テロ事件が起こりました。

この年の夕暮れの一二月一八日の宮内記者たちを意外な気持ちにさせた天皇の「韓国とのゆかり発言」とは次の通りです。

日本と韓国との人々の間には、古くからの深い交流があったことは、日本書紀などにくわしく記されています。韓国から移住した人々や、招へいされた人々によって、様々な文化や技術が伝えられました。宮内庁楽部の楽師の中には、当時の移住者の子孫で、代々楽師を務め、今も折々に演奏しているのであります。こうした文化や技術が日本の人々の熱意と韓国の人々の友好的態度によって日本にもたらされたことは、幸いのことであります。

私自身としては、桓武天皇の生母が百済の武寧王の子孫であると、続日本紀に記されていることに、韓国とのゆかりを感じています。武寧王は日本との関係が深く、この時以来、日本には五経博士が代々招へいされるようになりました。また武寧王の子、聖明王は日本に仏教を伝えたことで知られております。

しかし残念な事に、韓国との交流はこのような交流ばかりではありません。このことを、私どもは忘れてはならないと思います。

「天皇の韓国とのゆかり発言」のキーワードは桓武天皇、母の高野新笠《にいがさ》、武寧王、五経博士、雅楽、続日本紀等々です。「天皇の韓国とのゆかり発言」が朝日新聞朝刊で発表されたのは一二月一八日から五日経った天皇誕生日の一二月二三日です。新聞発表が数日遅れたのは二三日の天皇誕生日に合わせるためであったのは言うまでもありませんが、居合わせた記者たちが先のキーワードのもつ意味を理解できなかったのか、あるいは天皇に忖度しなければならない何かがあったのかもしれません。

事実、二三日の天皇誕生日の朝日新聞だけは一面の中段右端の囲みスペースに「天皇陛下、W杯で交流に期待」「桓武天皇の生母、百済王の子孫と続日本紀に」「きょう六八歳、会見で語る」という見出しで次のように伝えています。

天皇陛下は二三日、六八歳の誕生日を迎えた。これに先立って記者会見し、深刻化する経済情勢が国民に与える影響を案じ、この一年を振り返った。日韓共催のサッカーワールドカップの関連で、人的、文化的な交流について語る中で「韓国とのゆかりを感じています」と述べた。

しかし記事のどこを見ても記者会見が一八日の皇居内にある宮内記者会（記者クラブ）で行われたとは書いていません。したがってほとんどの読者は記者会見が一八日ではなく、天皇誕生日の二三日と思うはずです。

ところで後でわかったことですが、天皇誕生日（一二三日）の読売新聞は「お祝いの一般参賀一六七六〇人」（社会面）、「愛子さま誕生、家族で成長を見守りたい」「天皇陛下今日六八歳」（同）とあり、毎日新聞は「きたる年よい年に」（同）、「愛子さま誕生、うれしく思う」（同）とあります。

天皇の「韓国とのゆかり発言」について詳しく報道したのは朝日だけで、「アメリカの同時多発テロ事件、「家族」「経済」「愛子さま誕生」などは朝・毎・読とも似たり寄ったりであることがわかりました。

◇識者五人の感想

ところで朝日新聞一二三日（総合四面）の五〇％は「『天皇陛下の会見発言（要旨）』識者の見方」と「天皇陛下の会見発言（要旨）」（「韓国とのゆかり発言」）で占められています。「天皇陛下、識者の見方」には歴史学者など五人の識者の感想が載せられています。念のため五人の識者の感想を次に引用します。

御厨貴《みくりやたかし》（政策研究大学院教授、日本政治史。『徳川義寛終戦日記』などを執筆）

「韓国とのゆかり発言やさまざまなレベルの交流を振り返る端的な例として『続

日本紀』を引用されたのであろう。百済の武寧王と皇室のゆかりにふれたくだりはやや踏み込んだ印象で、色々と意図を採るむきもあるかもしれないが、一言一句言《こと》挙《あ》げしたり政治的意味を読み込んだりすべきではない。日韓関係を気遣いながら、象徴天皇の枠内で正直な人間的感想として述べられたとみるべきだろう」

上田正昭（京大名誉教授、日本古代史・東アジア史。『帰化人』などの著書がある）

「桓武天皇の勅を奉じて編集された『続日本紀』は、桓武天皇の生母であった高野新笠が、武寧王の子孫であったと伝え、百済の建国神話を併記している。歴史学では古くから注目されてきた記述だが、陛下自ら言及されたことはきわめて意味深い。そうした人的交流ばかりでなく併せて不幸な関係を忘れてはならないとの指摘も重要である」

所功《ところいさお》（東京産業大研究所々長、日本法制史。『皇室の伝統と日本文化』などの著書がある）

「陛下のお言葉には、日本と韓国の関係を正確に再認識したいという熱意、覚悟を感じる。人と人、国と国との関係は事実の積み重ねでできあがっていく。ともすると韓国を植民地化して以降のことだけで語られがちな日韓関係を、歴史的事実を正確に伝えることで、千年以上の長い歴史のなかでお互いの関係を捉え、相互理解と友好を深めあっていきたいというメッセージではないだろうか」

秦郁彦《はたいくひこ》（日本大教授、歴史学者。『裕仁天皇 五つの決断』など天皇家に関する著作がある）

「天皇陛下ご自身が天皇家のルーツに朝鮮半島がかかわっていると言及されたことは初めてではないか。韓国からもたらされた文化について具体的にお話されており、意外な感じもする。W杯開催を前に、天皇陛下の訪韓が実現せず、大変気を遣われているという印象を受ける。また教科書問題、靖国神社問題などで反日感情が高まったことを背景に、低姿勢で臨もうとする小泉内閣の意向を反映しているのではないか」

猪瀬直樹（作家。『ミカドの肖像』等の著書がある）

「天皇家が百済と深い関係があるということは、既に歴史的事実として広く知られている。ただし、日本と韓国が東アジアの同じ地域で文明を共存してきたという歴史的意味を強調した意義があることだと思う。W杯を控えたこの時期に公言したのは、日韓の友好関係を築くための韓国側へのメッセージだろう。これが、韓国が何時までも日本を敵対視する姿勢を改める機会になれば、と思う」

◇韓国側の報道

一方、韓国の日刊紙朝鮮日報は一二月二四日「日マスコミ、日王発言はほとんど報道せず」「日本大衆・保守指導者層に衝撃波」「ワールドカップを前に関係改善の友好メッセージを」などの見出しで次のように報道している。

日王家に百済王室の血が混じっているという明仁日王の発言は朝日新聞を除いた日本の新聞（全国紙）ではほとんど扱われていない。日王が自ら王室の「ルーツ」を言及したというニュース価値を考慮するとき、異例であると思われるほどの沈黙である。ある王室専門家は「王室血統問題が公に露出するのを嫌がるマスコミと保守指導層としては当惑するであろう」と述べた。

……ある外交筋は「単一民族と万世一系（歴代天皇が二六〇〇年間一つの系統であるという意味）神話に浸っている日本の大衆には衝撃であるだろう」と述べ、「朝日両国の大衆情緒にどのような影響を与えるか注目される」と述べた。（『韓vs日「偽史ワールド」』水野俊平、小学館、二〇〇七年）

また朝鮮日報は有識者の声として日韓古代史の研究者金紘球（当時、高麗大学教授。『大和政権の対外関係研究』）の声として次のようなコメントを載せています。

「桓武天皇（七三七—八〇六）の生母高野新笠が百済武寧王の後裔であることを明らかにしたため、見方によっては天皇家が百済系である可能性が高まっている。しかし心証がないわけではないが、まだ確証はない。日本天皇家の百済起源説の本も出ているが、史料の恣意的な解釈など歴史研究者の立場から見る時、学問的な成果と受け入れがたい」と述べている。

日韓のこのような矛盾・対立・歴史解釈の相違、日本のジャーナリズムや記者クラブの体質は今に始まったことではありません。平成天皇（明仁）の発言のキーワードは、先に指摘した通り、桓武天皇・武寧王・聖明王・『続日本紀』・雅楽《ががく》です。

特に百済王朝の武寧王と皇室の関係の深いつながりは、「記紀」（古事記と日本書紀）だけに依存していてはわからず、また日本の本当の歴史を理解することは極めて難しいと言わざるを得ません。とは言って韓国の歴史研究が日本の域に達しているとは言えません。

2　天皇のルーツは朝鮮半島だった

◇『週刊金曜日』のキャッチコピー

二〇〇一年の三月、私は郷里の姉が亡くなったのを機に私の最初の著作『馬子の墓』（四六判、六〇〇頁、彩流社）を出版しました。その書評を鷲田小彌太氏（当時、札幌大学教授。一九八九年出版の『天皇論』の著者）にお願いして『週刊金曜日』（三六九号、二〇〇一年六月二九日）に載せてもらいました。『馬子の墓』の帯の表と裏のキャッチコピーは次の通りです。

〈表〉だれが石舞台古墳を暴いたのか。天皇のルーツは朝鮮だった！　新旧二つの朝鮮渡来集団による日本古代国家成立の事実と天皇家の熾烈な葛藤を浮き彫りにする。

〈裏〉日本単一民族説を根底から覆し、アイヌ系エミシの存在を明るみに出した在野の研究者の驚くべき発見を辿る新歴史紀行。現代日本の学界ナショナリズムに警鐘。

「天皇の韓国とのゆかり発言」が朝日新聞に掲載された翌々日、私は『週刊金曜日』編集部から「天皇が認めた朝鮮と皇室の深いつながり」についての執筆を依頼されました。それから一週間かけて編集・発行人の黒川宣之さんの協力のもと一万二〇〇〇字（四〇〇字原稿用紙三〇枚、系図・写真を含む）を脱稿しました。『週刊金曜日』（三九五号、二〇〇二年一月一八日）によるキャッチフレーズは次のようにすこぶる刺激的です。

公に論ずることをタブー視する空気の強かった皇室と朝鮮の深いつながりについて、天皇自ら去年の暮れの記者会見で初めて踏み込んだ発言をした。ほとんどの新聞、テレビが黙殺した発言の背景を、朝鮮渡来集団による古代国家成立を説く著者に書いてもらった。

「週刊金曜日」のキャッチフレーズは鷲田小彌太氏の『馬子の墓』の書評がかなり正確に反映されていることに私は少なからず満足しました。それればかりではありません。さらに本誌巻末の「編集部だより」に本多勝一は次のように予告してくれたからです。

今週号で天皇の朝鮮半島出自を巡る問題が林順治氏によって書かれています。この問題は、日本における最大のタブーとしての「天皇」と深くかかわるので、近いうち改めて特集を組むつもりです。

私はいよいよもって〝来るべきものが来た〟と興奮さめやらぬ数日を過ごしました。というのも、私は『応神陵の被葬者はだれか』（一九九〇年、平成二）から『蘇我大王家と飛鳥』（二〇〇一年）まで石渡信一郎氏の一一冊の本の編集を担当し、新聞・テレビ・雑誌・週刊誌の各社に書評用として計百数十冊献本しましたが、たった一社の反応もありませんでした。

このことは石渡信一郎氏が『蘇我大王家と飛鳥』（二〇〇一年六月二四日発行）の「あとがき」に次のように書いていることからも明らかです。

私は一九九〇年に『応神陵の被葬者はだれか』を書いて以来、学界のナショナリズムと闘ってきた。本書を含めて、私はこの一一年間に一一冊の本を上梓したことになる。今のところ学界は私の説を完全に黙殺しているが、これは、私の説が学界のナショナリズムに痛撃を与えた証拠であると私は確信している。

実は『応神陵の被葬者がだれか』を出版した六年後の一九九六年（平成八）の夏、韓国のテレビ局ＫＢＳは「応神百済王説」を紹介するため、石渡信一郎氏同行の上、奈良・大阪・京都など延べ三〇日の取材を敢行しました。放映の結果、韓国国内では大きな反響を呼びました。しかし日本のメディアはその様子を完全に黙視したのは言うまでもありません。

◇〝思考の公務員〟とジョアキン・モンティロ氏

さて『週刊金曜日』の本多勝一氏の〝特集〟記事から数週間たったある日、私は編集部兼発行責任者の黒川宣之さんから奈良国立文化財研究所のある研究員から受け取ったという手紙を渡されました。その手紙は〝素人にこのような記事（『週刊金曜日』二〇〇二年一月一八日の三九五号掲載）を書かせていかがなものか〟という内容でした。おそらくその研究者は『週刊金曜日』の購読者の一人でしょう。

いずれにしてもその手紙は私にとっては何ら根拠のない誹謗中傷（讒言）の類です。フランスの哲学者ジル・ドゥールズ（一九二五―一九九五）が指摘する〝思考の公務員〟（研究機関の枠に沿って影響力を行使する官吏）を相手に渡り合うのは、版元（株式会社金曜日）

に迷惑をかけるので、それを考慮してしばらく手紙を持ち歩いていました。

しかし本多勝一のいう〝特集〟が組まれた場合や今後不特定多数の投書・悪口も想定し、著者仲間の一人ジョアキン・モンティロ氏（駒沢大学講師、『天皇制仏教批判』の著者。のち台湾大学教授）は真宗（東本願寺）と数年来の理論闘争の経験もあるので、彼に件《くだん》の手紙を見せ相談しました。

日本仏教史における親鸞の思想を見事に解釈したモンティロ氏の『天皇制仏教批判』は、三つの命題によって裏付けられています。一つは一人の人間の人格を相対化し、権威化する傾向（＝日本仏教の開祖信仰）、二つは霊魂実在論と体験主義（＝日本仏教を支配する如来像思想）、三つは社会、歴史を自然化し、肯定する社会有機体説（＝日本仏教の差別即平等論）です。

◇対労組のロックアウト

モンティロ氏は三つ目の具体的事例として一九三六年（昭和一三）の文部省発行の『国体の本義』こそ、一八世紀以来ヨーロッパに成立した人権と社会主義思想を否定し、国家と天皇の歴史を自然化する山川草木悉皆成仏《さんせんそうもくしつかいじょうぶつ》のイデオロギーである天皇制や国体を肯定する、と指摘しています。

以前、『聖徳太子はいなかった』（石渡信一郎著、三一新書、一九九二年）を読んだジョアキン・モンテイロ氏は「親鸞の夢告」（親鸞と聖徳太子の夢邂逅）を私に明瞭かつ理論的に解き明かしてくれたこともあり、私は絶大なる信頼をおいていました。

しかし当時、私が勤めていた会社は対労組、対株主の三つ巴の裁判闘争の渦中にあり、経営側（私もその一人）による平成一〇年（一九九八）暮れのロックアウトは三年目に入っていました。私の本職の編集業務も石渡信一郎氏の『蘇我大王家と飛鳥』（二〇〇一年）で最後となりました。件《くだん》の手紙もどこかに紛失してしまい、本多勝一氏の「天皇の特集計画」もアウトになりました。

約七年半におよぶ労使間の和解が成立し、私が定時株主総会において取締役を退任したのは平成一八年（二〇〇六）の三月二八日でした。この年の六月『アマテラス誕生』を出版しましたが、すでにそれまで『義経紀行』（二〇〇二年）、『漱石の時代』（二〇〇四年）『ヒロシマ』（二〇〇五年）を出版しました。

3　桓武天皇の母高野新笠

◇倭の五王と倭王武

それでは「天皇の韓国とのゆかり発言」について、私が『週刊金曜日』（二〇一一年一月一八日）に発表した論文「天皇がみとめた朝鮮と皇室の深いつながり」にその後の知見を加え、百済とかかわりのある日本の古代史を改めて復習してみることにします。

在野の古代史研究者石渡信一郎（一九二六—二〇一七）の日本古代史研究の最大の功績は、「朝鮮半島からの新旧二つの渡来集団（加羅系と百済系）による日本古代国家の成立」を解明し、具体的には日本最大の古墳誉田陵（伝応神陵）の被葬者が百済から渡来した昆支王であることを特定したことです。

百済蓋鹵王（在位四五五—四七五）の弟で左賢王の昆支は四六一年倭国に渡来して倭の五王「讃・珍・済・興・武」の済の入婿になります。倭の五王の讃は加羅系渡来集団の崇神（始祖王）・垂仁に続く三代目の倭王です。

讃は卑弥呼の子女王台与《とよ》が西晋（二〇五—三一六）に朝貢《ちょうこう》してから途絶えていた中国への遣使を一四七年ぶりに東晋（三一七—四二〇）に送り、中国の史書（「宋書」倭国伝）に名をとどめることになりました。この加羅系渡来王朝は奈良三輪山の南山麓を根拠地としたので三輪王朝とも、初代崇神の名をとって崇神王朝とも言います。
昆氏は倭の五王の最後の倭王武であり、武＝タケル大王とも日十《ソカ》大王（隅田八幡鏡銘文）とも呼ばれ、百済系倭王朝（ヤマト王朝）の始祖王となります。後の百済の王となる東城王と武寧王は昆支王の子です。

◇『三国史記』の虚構

朝鮮の史書『三国史記』によると、昆支の兄蓋鹵王は四七五年九月高句麗王長寿王（在位四一三―四九一）の侵略により漢城で殺害されます。昆支は四六一年すでに倭国に渡来していたので、蓋鹵王（毗有王の子）の次は文周王、その次は文周王の子三斤王が即位します。

四七九年三斤王が亡くなったので、昆支の子の東城王が百済王となります。さらに五〇一年一一月東城王が亡くなったので、昆支王の次男の武寧王が百済の王となります。『三国史記』では昆支は四七七年百済で死んだことになっていますが、これは虚構です。また『三国史記』では文周王は蓋鹵王の子で昆支の兄ですが、本当は昆支の母方の叔父です。

◇百済武寧王と隅田八幡画像鏡

一九七一年忠清南道公州《こんじゅ》（百済の王都）で武寧王の墳墓が発見されました。朝鮮の考古学史上最大の発見です。古墳からは「寧東大将軍の百済の斯麻《しま》（武寧王）は、年齢六二歳で己卯《きぼう》年、五二三年五月七日に亡くなった」という意味の墓誌が出土していますから武寧王が生まれたのは四六二年です。

『日本書紀』雄略天皇五年（四六一）条に昆支が渡来した際、嶋君《しまきみ》こと武寧王が筑紫の各羅嶋《かからしま》で誕生したと書かれているので、武寧王が昆支の子である可能性は極めて高いと言えます。

五〇三年（癸未年）武寧王は斯麻《しま》の名で叔父の男弟王《をほど》（継体）の長寿を念じ鏡（隅田八幡画像鏡）を贈っています。この隅田八幡画像鏡の銘文によると、その時の倭国王は「日十」という名の大王です。日十は東加羅の大王を意味し、昆支王であることを示しています。

このように倭国と百済王族の親子兄弟関係は極めて密接です。武寧王の子聖明王は父同様に仏教の布教に力を入れ、欽明天皇に仏像と経典を贈っています。『日本書紀』欽明天皇一三年（五五二）一〇月条にも「百済聖明王は釈迦仏の金銅像一駆・幡蓋若干・経論若干巻を献上した」と書かれています。

◇『続日本紀』の純陀太子

桓武天皇の生母高野新笠について言うならば、高野新笠は桓武天皇の父光仁天皇が即位する前のまだ白壁王を名乗っていた時の一人ですが、延暦八年（七八九）一二月八日に亡くなります。高野新笠の父は和史乙継《やまとのふひとおとつぐ》、母は百済系渡来集団の土師《はじ》氏の出身です。父方の和氏の祖先が武寧王の子純陀太子と考えられます。

この純陀太子は『日本書紀』継体天皇七年（五一三）条に「秋八月百済の純陀太子が薨じた」と書かれています。訳者頭注には「武寧王の太子か。『三国史記』には記載がなく、『日本書紀』の独自の記事。『百済本記』によるか」とあります。また『続日本紀』桓武天皇延暦九年（七九〇）正月一五日条には純陀の系譜が次のように書かれています。

皇太后を大枝山陵《おおえのみささぎ》（京都市西京区大枝沓掛町伊勢講山）の円墳に埋葬した。皇太后の姓は和《やまと》氏、諱《いみな》は新笠で贈正一位の和史乙継の娘である。母は正一位の大枝朝臣真妹《まいも》である。后の祖先は百済武寧王の子純陀太子から出ている。皇太后は百済の遠祖津慕《つも》王の末裔である。

皇后は徳に優れ、容姿上品でうるわしく、若い頃より評判が高かった。天宗高紹《あまむねたかつぐ》天皇（光仁天皇）がまだ即位していない時、娶《めと》り、妻とされた。皇后は今上《こんじょう》（桓武天皇）・早良《さわら》親王・能登内親王を生んだ。宝亀《ほうき》年中に氏姓を「高野朝臣」に改めて、今上天皇が即位すると、皇太夫人と尊称された。延暦九年に遡って皇太后の尊号が追称された。

百済の遠祖の津慕王（百済の始祖で、夫余を開国したという伝説上の人物）は、河伯《かわのかみ》の娘が太陽の精に感応して生まれた。皇太后はその末裔である。それで天高知日之子媛尊の諡《おくりな》を奉ったのである。

◇母が異なる天武と天智

『続日本紀』では純陀太子は明らかに武寧王の子です。ところで桓武天皇の父光仁天皇は志紀皇子と紀橡姫の子で、志紀皇子は天智天皇の第七子です。光仁天皇は壬申の乱（六七二年）以来、約一〇〇年続いた天武系から天智系に代わった最初の天皇となります。

天智も天武も同じ応神＝倭王武（昆支）を始祖としていますが、天武は天智の兄でしかも母が異なる兄弟です。ですから六七二年（干支は壬申年）に天武（大海人）は皇位継承の正当性を主張して天智天皇の子大友皇子から即位継承権を勝ち取ることができたのです。

天武は田村皇子こと舒明天皇を父とすることでは天智と同じですが、天智は斉明（皇極重祚）を母とし、天武は蘇我馬子の娘法提郎媛《ほてのいらつめ》を母としています。当然、天武は母方の祖父馬子大王を仏教王として崇拝します。天武は天智に暴かれた馬子の墓（石舞台古墳）を大阪南河内郡太子町の叡福《えいふく》寺の太子陵に移し、馬子を聖徳太子としてその霊を慰めます。

◇四天王寺の「聖霊会舞楽大法要」

平成天皇の「韓国とのゆかり発言」の雅楽について言えば、現在でも毎年四月二二日に聖徳太子（仏教王馬子の分身）の命日を偲んで四天王寺最大の行事「聖霊会舞楽大法要」が開催され、六時堂石舞台で仮面（四天王寺に保存されている伎楽面）の舞踊劇が延々と行われ、多くの観光客を集めています。

『日本書紀』推古天皇二〇年（六一二）条に百済人味麻之《みまし》の勧めで雅楽を始めたと書かれていますが、それが今なお続いているのは馬子が推古朝の大王だったことを物語っています。

六六三年天智天皇が百済に救援軍を送り、白村江で唐・新羅連合軍と戦ったのも天皇家が百済を出自としていることを考えれば当然のことです。義慈王の子の一人禅広は百済滅亡後倭国に移住し、百済王《くだらこにきし》一族の祖となります。

七四九年東大寺の大仏に塗る金を貢献したのは百済王敬福です。光仁・桓武のエミシ三八年侵略戦争で鎮守府将軍になった百済王俊哲は慶福の孫です。武寧王の子純陀の系統と義慈王の子禅広の系統のつながり明らかではありませんが、桓武の母高野新笠が百済系の出自であることは間違いありません。

◇作家坂口安吾の指摘

日本古代史には多くの説がありますが、朝鮮と日本の深いつながりは否定のしようがありません。平成天皇がどういうつもりで話されたのかはともかく、宮内庁での記者会見の席上で発言されたキーワードは、朝鮮と日本の深い関係を的確に示しています。

日本古代史がもつ驚くべき史実と奥の深さを思えば、今上天皇（平成）の呼称「明仁」から推してみるに、天皇は「日本の皆様も尻込みしないで、日本の歴史の成り立ちや天皇の起源を自由に考え、発言して欲しい」と言っているとしか私には思えません。

しかし深いつながりを公に論ずるのをためらう空気は日本の支配層および知識人を覆っています。百済から渡来した王子昆支が応神陵に埋葬されている説さえ古代史学界（会）では完全なタブーです。戦後間もないことですが、坂口安吾だけは蝦夷や入鹿は大王に違いないと指摘しています。

「新旧二つの渡来集団による日本古代国家の成立」を提唱した在野の古代史研究者の石

渡信一郎氏は、「自分の説が理解されるのは五〇年、いや一〇〇年はかかるかもしれない」と私によくつぶやいていました。

石渡信一郎の『応神陵の被葬者はだれか』が出版されてから三〇年になろうとしています。平成天皇の〝ゆかり発言〟を鑑みるに、真実、日本の古代史の本当の姿が露わになるのは意外に近いのかもしれません。このことは現代日本の象徴天皇制に関わる現実的な問題に直結しているからです。つまり「日本の歴史とは？」という問いは、「天皇の出自とは？」につながり、「日本は今世界に向かって何をなすべきか」という問いにつながり、その責任は歴史と未来の狭間にある私たちにあるからです。

第五章　日本書紀と古事記

〔二〇二一年六月一〇日〕

1　三つの仮説

◇井原教弼《みちすけ》・フロイト・石渡信一郎

本書は三つの仮説をベースにして上梓しました。

一つめは『応神陵の被葬者はだれか』（一九九〇年、増補新版『百済から渡来した応神天皇』二〇〇一年）で明らかにされた日本古代国家は朝鮮半島から渡来した新旧二つの渡来集団によって建国された」という石渡信一郎の説です。この説は『日本書紀』と『古事記』に依存する従来の日本古代国家の起源＝天皇の歴史と大きく異なります。

二つめは井原教弼《みちすけ》（工学畑の在野の研究者）が明らかにした「干支一運六〇年の天皇紀」という古代王権論です。

井原教弼は大和書房の季刊誌『東アジアの古代文化』（一九八五年四二号・特集古代王権の構造）で、田村圓澄・上田正昭・吉野裕子ら錚々たる研究者の論文に交じって「第七代孝霊天皇から第一六代応神天皇までの一〇代六〇〇年は、干支は辛未《しんみ》に始まり庚午《こうご》に終わる六〇年の十個の万年ごよみを並べたものであった」という、〝歴史改作のシステム〟を発表しました。井原教弼の論文の詳細については本書第一章で具体的に説明しています。

三つめはフロイトが最晩年の著作『モーセと一神教』で明らかにした「心的外傷の二重性理論」です。フロイトの『モーセと一神教』は、ヒトラーがオーストリアに侵攻する二年前の一九三七年頃から書き始め、ロンドン亡命後の一九三九年に出版しました。この本のテーマは「モーセは一人のエジプト人であった」という説です。石渡信一郎の「応神陵の被葬者は百済人である」という説に類似しています。

フロイトのモーセ＝エジプト人説は、文庫本として渡辺哲夫訳の『モーセと一神教』（ちくま学芸文庫、二〇〇三年）と中山元訳『モーセと一神教』（光文社古典新訳文庫、二〇二〇年）が市販され、広く読者に知られるようになりました。しかし〝モーセを語る人はフロイトを語らず、フロイトを語る人はモーセを語らず〟で、長い間その価値は認められませんでした。

フロイトは「心的外傷の二重性理論」について「二つの民族集団の合体と崩壊。すなわち最初の宗教は別の後の宗教に駆逐されながら、後に最初の宗教が姿を現し勝利を得る。すなわち民族の一方の構成部分が心的外傷の原因と認められる体験をしているのに、他の構成部分はこの体験に与《あず》からなかったという事実の必然的結果である」と指摘しています。

本書では「最初の宗教は別の後の宗教に駆逐されながら、後に最初の宗教が姿を現し勝利を得る」というフロイトの説を、石渡信一郎の命題「朝鮮半島から渡来した新旧二つの渡来団による古代国家の成立」に援用しました。

朝鮮半島から先に渡来した旧の加羅系集団は、崇神の霊アマテル神を祀り、後に渡来した新の百済昆支王を始祖とする百済系集団は、応神＝昆支の霊＝八幡神を祭りました。六四五年の乙巳《いっし》のクーデターで蘇我王朝三代（馬子・蝦夷・入鹿）が滅ぼされてからは、旧のアマテル神はアマテラスとして登場しました。

またフロイトは「心的外傷」を次のように言い換えています。

「心的外傷のすべては五歳までの早期幼年時代に体験される。その体験は通常完全に忘れ去られているが、心的外傷→防衛→潜伏→神経症発生の経過をたどる。人類の生活でも性的・攻撃的な内容の出来事がまず起こり、それは永続的な結果を残すことになったが、とりあえず防衛され忘却され、長い潜伏期間を通してのち、発生すなわち出現する」

晩年のフロイトは、それまでの神経症研究の集大成として、神経症状に似た結果こそ宗教という現象にほかならないという仮説を立てました。私自身が神経症にかかったことがあるのでよく理解できます。この体験は『天皇象徴の起源と〈私〉の哲学』（二〇一九年）に書いたのでご覧ください。

これら石渡説、井原説、フロイト説を合わせると、日本の正史とも言われる『日本書紀』の「アマテラスを祖とし神武を初代天皇とする万世一系天皇の物語」の虚と実を識別できると信じています。

従来、『日本書紀』と『古事記』は、「古事記は古く、日本書紀は新しく、別々に編纂された」とされ、「記紀」と表記されてきました。

しかし本書では「日本書紀が主、古事記が従であり、天武天皇によって構想され、藤原不比等によってプロデュースされた」という意味合いを込め、タイトルを「日本書紀と古事記」(「紀記」)に逆転したことをお許しいただきたいと思います。

2　タカミムスヒは渡来の神

◇タカミムスヒ系とアマテラス系

『日本書紀』神代下第九段の天孫降臨の正文・異伝を見ると、次のようなことに気が付きます。すなわち降臨を指揮する「司令神」にアマテラスとタカミムスヒがいることです。ところが『古事記』では、タカミムスヒとアマテラスが共に指令神となっています。

すでに述べたように『日本書紀』ではタカミムスヒが司令神となっているのは、正文、第四の異伝、第六の異伝です。またアマテラスを司令神としているのは、第一の異伝と第二の異伝です。しかし、第二の異伝の最初はタカミムスヒでもアマテラスでもなく天神《あまつかみ》でアマテラスは後半に登場します。

タカミムスヒ系とアマテラス系の相違をあげますと、タカミムスヒ系では孫のホノニニギが降臨しますが、アマテラス系は長子のオシホミミ（ホノニニギの父）が降臨を命じられ、途中でホノニニギに代わります。

またホノニニギの母はタカミムスヒの女《むすめ》タクハタチヂヒメ（栲幡千千姫）ですが、一書第一のアマテラス系はオモイカネノカミ（思兼神）の妹ヨロズハタトヨアキツヒメノミコト（万幡豊秋津媛命）になっています。これによると、ホノニニギの母の名が異なるだけでなく、続柄がタカミムスヒの女からオモイカネの妹に変化しています。

またタカミムスヒ系は降臨の際、真床追衾《まとこおふすま》に包まれます。降臨地はタカミムスヒ系が日向の襲《そ》の高千穂峰に天降り、吾田（鹿児島県薩摩半島西南部の加世田周辺）の長屋の笠沙《かささ》の碕に向かいます。しかしアマテラス系は筑紫日向の高千穂までは同じですが、さらに槵触之峯《くしふるのたけ》と記されています。

またアマテラス系にはアマノコヤネ（天児屋命）・フトタマ（太玉）などの随伴する神がいます。さらにアマテラス系だけはホノニニギに神宝と「天壌無窮」の神勅が与えられます。さらにまたアマテラス系にはサルタヒコ（猿田彦神）とサルタヒコの降臨地伊勢が書かれています。また第八の異伝には「オシホミミはタカミムスヒの娘タクハタチヂヒメヨロズハタヒメ（栲幡千千姫万幡姫命）を娶ってアマテルクニテルヒコホノアカリ（天照国照火彦明命。以下、ホアカリ）を生んだとあります。ホアカリは尾張連の遠祖であるといいます。

◇『アマテラスの誕生』の著者溝口睦子

さて、「日本古代氏族の系譜の成立」の研究で業績のある溝口睦子は、『アマテラスの誕生』（岩波新書）の序文で次のような問題を提起しています。

アマテラスはイザナキ・イザナミから生まれた太陽神で、弥生時代に遡る古い女神である。そのような二千年前の古い神がなぜ日本では国家権力を支える神だったのだろう。日本の国家神は長いあいだアマテラスであると、信じられてきた。たとえば丸山真男は日本古代王朝を論じる場合、古事記と日本書紀に描かれたアマテラスを考察の中心においている。

しかし「記紀」をみると、国家神は必ずしもアマテラスだけではなくタカミムスヒという神がいることがわかる。しかも古事記は真っ先にアマテラスを上げている。しかし、古事記をよく注意して読むと古事記がアマテラスを一人だけで天孫降臨の主神としてあげているのは一カ所のみで、あとの七カ所はすべてタカミムスヒの名前をアマテラスと並べて、二神をともに命令を下す主体として記している。

ここで溝口が強調したいことは、もしタカミムスヒが国家神であるならば、古代天皇制思想の核心部分は弥生に遡る日本土着に繋がるのではなく、四世紀から五世紀にかけて北方ユーラシアを含む北東アジア世界で起こった大きな歴史のうねりに連動した現象の一つとしてあるということです。溝口によればこの現象は、高句麗・百済・新羅などの朝鮮半島を通して日本に波及した波です。

このような見方はすでに、民族学・東洋史の研究分野で岡正雄や護雅夫《くれまさお》らによって言われてきました。「皇室の神話的主神はタカムスヒであって、アマテラスではない」という岡正雄の説は、戦後間もない昭和二三年（一九四八）、東京神田のバラック建ての喫茶店の二階で『日本民族学の起源』の著者石田英一郎・岡正雄・江上波夫・八幡一郎らが三日間にわたって行った対談のなかで初めて発表されました。

溝口によれば、その後上田正昭や松前健（一九二二―二〇〇二。宗教学者）らが独自に「記紀」の考察を通して、アマテラス以前の皇祖神としてタカミムスヒがいたことを指摘しています。溝口の『アマテラスの誕生』の執筆の動機は、天皇制思想の根幹をなす「天孫降臨神話」がいつ、どのように成立したかを明らかにすることです。

天皇制思想は、弥生に遡る日本土着の文化から生まれたとする従来の考え（津田左右吉など）に対して、溝口は北方ユーラシア遊牧民の支配者起源神話に源流をもつことを明らかにしようと試みています。そのために溝口は、タカミムスヒが国家神＝太陽神であり、朝鮮半島の始祖神であることを説明しなければなりませんでした。

この溝口の考えは、筆者が本書の第一章で述べたように、フロイトの二重性理論と石渡信一郎の説「新旧二つの朝鮮からの渡来集団による古代国家の建設」と似ていますが、厳密にはかなりの隔たりがあると言わなければなりません。したがってここでは溝口の四世紀から五世紀の東アジアの歴史解釈を検証し、溝口の説がさほど新しい独自な解釈とは言えないことを明らかにしようと思います。

◎倭王武＝雄略天皇？　辛亥年＝四七一年説？

溝口によれば、中国は後漢の後、魏・蜀・呉三国を経て西晋が南匈奴に滅ぼされると、匈奴・鮮卑・羯《けつ》・氐《てい》・羌《きょう》の五胡十六国時代（三〇四―四三九）に入ります。この東アジアの民族移動は、同時期に起きた遊牧民フン族の侵入にはじまるヨーロッパのゲルマン人の民族大移動に似ています。

中国（後漢）を中心とする動乱の勃発は、夫余《ふよ》（ツングース系遊牧民）・鮮卑に隣接する高句麗を経て、朝鮮半島南部の百済・新羅・加羅、そして倭（日本）の国家形成に大きな影響を与えました。溝口のここまでの歴史認識はほぼ通説として共有されています。

しかし、四一四年建立された「好太王（広開土王）碑」に記された倭と高句麗の関係、とくに当時「倭」（日本）についての解釈には問題があります。溝口はおおよそ次のように書いています。

高句麗は四世紀後半、朝鮮半島の南方に主力を移し、百済・新羅への侵攻を開始した。ちなみに百済の支配層は高句麗と同じ夫余《ふよ》族を出自としている。百済は高句麗の侵略に対して倭国に軍事的支援を求めた。このことは石上神宮に保存されている泰和四年（三六九）の七支刀銘文からも明らかである。

このような状況下（高句麗×百済・倭国）で倭と高句麗は互いに相手を主敵として強く意識しあっていたことが、同時代の史料によって明らかである。それは好太王碑文と、倭王武、すなわち雄略天皇が宋の皇帝に出した上表文である。

引用文後半の「倭と高句麗は互いに相手を主敵として強く意識しあっていた」という箇所まではよいのですが、大きな錯覚（「記紀」に依存した通説）は、倭王武を雄略天皇としていることとです。なぜなら倭の五王「讃・珍・済・興・武」の倭王武は、百済から四六一年に渡来して倭国で王となった蓋鹵王の弟昆支（四四〇―五〇六）だからです。

この倭王武＝雄略天皇説は、日本古代史学界の通説として稲荷山鉄剣銘文の「獲加多支《わかたけ》鹵《る》大王＝雄略天皇説」と「辛亥年＝四七一年説」に連動しています。辛亥年を四七一年とするのと、五三一年とするのとでは、干支一運六〇年時代が異なります。溝口は倭王武の上表文を引用しながら、倭王武について次のように書いています。

倭王武は亡父済の時代から、日本は高句麗打倒を目標としてきたことを述べている。「済」とはいわゆる「倭の五王」の三番目の王で、『宋書』文帝紀の四四三年に入朝の記録があるが、天皇系皇譜でいえば允恭天皇（在位四一二―四五三）の天皇である。このように五世紀初頭の敗戦（好太王碑文による四〇〇年高句麗と倭の戦闘）以来、日本の支配層は朝鮮半島の軍事大国高句麗を常に意識のなかに置いていた。このことは、倭王武の上表文からみて明らかな事実である。

◇倭の五王「讃・珍・済・興・武」の実在

倭王武の上表文とその内容は別にして、この溝口の指摘は、雄略天皇＝倭王武としていることや、倭王済＝允恭としていることから信憑性に欠けます。なぜなら、「紀記」の仁徳から雄略を含む武烈までの一〇人の天皇不在（架空）と、倭の五王「讃・珍・済・興・武」（実在）が論議され、一〇人の天皇の不在と倭の五王の実在がほぼ明らかにされているからです。

溝口が「王墓とみられる巨大古墳がこの間（仁徳から武烈天皇まで）、奈良盆地か大阪平野へ移動した」という考古学者白石大一郎（当時「近つ歴史博物館館長）の説を紹介していますが、白石は稲荷山鉄剣銘文の辛亥年を四七一年（雄略天皇の辛亥年）とし、誉田陵（伝応神陵）や大山陵（伝仁徳陵）の実年代を四五〇年から四六〇年前後としています。しかし、白石の巨大古墳移動説は正しいとしても、『日本書紀』編纂者によってその年代は、干支一運六〇年古くされたものです。

溝口は、水野祐・井上光貞・上田正昭・直木孝次郎・岡田精司など文献史学者らの「応神王朝論」や「河内王朝論」や塚口義信の「河内大王家説」をあげて、「この時代」（雄略の時代か）の特徴を浮き彫りにしようとしていますが、根拠が薄弱です。

倭王武＝雄略天皇説、稲荷山鉄剣銘文の獲加多支鹵大王＝雄略天皇説、辛亥年＝四七一年説は、日本の古代史を正しくみるためには最大の躓きの石となっていることに気が付かなればなりません。

3　直木孝次郎のアマテラス左遷説

◇河内政権と第一次ヤマト政権

若干回り道になりますが、伊勢神宮創建の時期についての先覚的な研究者として知られている、直木孝次郎の説を取り上げることにします。すると溝口睦子の言う内容が理解できます。直木はタカミムスヒとアマテスの二柱とも皇祖神であるという溝口の説に同意しているからです。直木は次のように書いています。

私は溝口説を一歩進めて、三世紀末頃奈良盆地に成立した第一次ヤマト政権がアマテラス（天照大神）を最高神として祭り、四世紀中頃それとは別系統の政権が大坂平野に成立してタカミムスヒ（高皇産霊神）を最高神として祭ったことにより、二柱の皇祖神が生まれたと考えている。

私は大坂平野に成立した政権を河内政権と称し、応神・仁徳両天皇の時代に始まると推定する。この河内政権と第一次ヤマト政権がそれぞれ存立する時は皇祖神が二柱いても問題がないが、「記紀」の所伝や古墳の示すところによって考えると、河内政権が第一次ヤマト政権を五世紀後半に圧倒し、これを併合して旧都を河内からヤマトへ遷す。「記紀」に伝える天皇でいえば允恭《いんぎょう》ないし雄略の頃と思われる。（『伊勢神宮と古代の神々』）

直木はこの説は当人の仮説であって、学界全体の承認を得たものではないと断っています。その上で、七、八世紀に天皇家の最高神としてアマテラス・タカミムスヒという二柱の神が存し、その信仰は五世紀にまで遡るとは認めてもよいとしています。直木は、このような状態がなぜ生じたかについての定説はないが、河内政権を第一ヤマト政権と別系統とみなくても、ヤマトから河内へ進出した勢力が、河内で新しい最高神・タカミムスヒの信仰をもって、古いアマテラスの信仰を保持する勢力の残っているヤマトへ本拠を移したとみてよいとしています。

◇水野祐説、原大和国家×狗奴国

この直木孝次郎の説は、応神天皇を新王朝の始祖とする水野祐の説と似ているようで同じではありません。水野によれば、神武から開化までの九人の天皇は実在しません。第一〇代の崇神天皇が最初の天皇であり、崇神が原大和国家を建設したのは三世末から四世紀後半なのです。

また一方の九州地方では、北九州にあった邪馬台国と南九州に本拠地があった狗奴《くな》国との間で三世紀後半から統一戦争が行われていましたが、二八〇年頃に九州地方は狗奴国によって統一されました。狗奴国の本拠地は南九州の日向であり、狗奴国を形成したのは、紀元前二〇〇年頃朝鮮半島から渡来した北方アジア系民族のツングース族です。

水野説によれば、崇神から成務を経て仲哀の時代に原大和国家と狗奴国との間に統一戦争が起こります。仲哀の死亡年の干支は壬戌《じんじゅつ》の三六二年とみられ、この年に原大和国家の天皇仲哀が戦死し、九州国家が原大和国家の勢力を一掃して両国家が統一されました。仲哀と戦った九州国家の狗奴国王は応神です。『日本書紀』応神紀のカゴサカ王・オシクマ王が応神と神功皇后の大和入りを阻んだという話は、応神の九州国家の大和征伐を伝説化したものです。応神は原大和国家を倒した後も九州にとどまりましたが、次の仁徳の時代になって九州を去り、摂津の難波高津宮に遷都しました。応神陵は仁徳が難波に遷都して父応神のために造営したものです。

この水野説は、応神を崇神王朝と交替した新王朝の始祖王であるとした点で画期的ではありますが、『古事記』記載の天皇の死亡年を無条件で認めていることや、古墳の実年代が通説の域をこえていないので先学の井上光貞説・江上波夫説と同じです。

◎アマテラス左遷説

直木の第一次ヤマト国家は崇神政権とみてよく、また河内政権は応神・仁徳政権とみてよいでしょう。さて、アマテラスの伊勢遷祀について直木は次のように述べています。

伊勢神宮の祭祀が雄略朝にまたは継体朝に始まると考えるのは、雄略朝の稚足姫が「伊勢大神の祠に侍す」とあり、継体朝には日本書紀継体天皇三月条に、皇女荳角《ささげ》が「伊勢大神の祠に侍す」とあり、古事記継体記に皇女佐々宣王《ささげ》が「伊勢神宮に拝す」とあるからである。

以下、欽明の皇女磐隈《いわくま》、敏達の皇女菟道《うじ》と用明の皇女酢香手姫《すかて》が伊勢神宮に侍したことが日本書紀に見える。酢香手姫については日本書紀用明天皇前紀に「この天皇の時より炊屋姫《かしきや》天皇（推古）の世におよぶまで、日神の祀に奉ず」とあり、同用明天皇元年正月条に「三代を経て日神を奉ず」と記している。

それではなぜ、舒明天皇以後天智朝まで、伊勢へアマテラスに侍する皇女を送る慣例が絶えたのか、と直木孝次郎は問うています。そしてその理由は、伊勢におけるアマテラスの祭祀が、土地で盛んであった太陽神信仰と習合し、それによって渡会《わたらい》氏など土地の豪族に奉仕され、ヤマトから皇女を送る必要がなくなったからだとしています。

直木説によれば、伊勢への遷祀が継体天皇が磐余玉穂宮に入った五二〇年代（五二六年）とすると、推古天皇が没する（六二八年）までおおよそ一〇〇年が経過しています。三、四世紀の第一次ヤマト政権のもとでアマテラスを最高神として信奉していた有力豪族の多くは、この頃までにはほとんど没落していました。

すなわち、雄略朝または継体朝に成立した最初の伊勢神宮は、アマテラスの敬遠・左遷によって成立し、その後も地位は次第に低下して、地方の有力神と大差のない状態になったと直木は想定しています。

しかし天智天皇の没後に起こった壬申の乱に際し、伊勢神宮は反乱を起こした大海人皇子に協力し、大海人皇子が勝利を占めたことによって、アマテラスの権威と地位とが回復されたというのが、直木の考察です。この直木の説は、雄略＝ワカタケル大王説、辛亥年＝四七一年説を土台にしているのはもちろん、仁徳から武烈までの一〇人を実在の天皇としています。

これでは、崇神＋垂仁と倭の五王「讃・珍・済・興・武」の崇神王朝の実在を証明することはほとんど不可能であるばかりか、ワカタケル大王＝欽明天皇による五三一年の辛亥年のクーデターを想定することはとても無理と言わざるをえません。

4　朝鮮半島からの渡来集団

◇稲荷山鉄剣銘文の「ヲワケの臣」

溝口睦子が稲荷山鉄剣銘文の「辛亥年」を四七一年とし、「獲加多支鹵大王」を雄略天皇としているかぎり、先の文献史学者直木孝次郎たちや民族学者の説を背景とするタカミムスヒ北方ユーラシア説は説得性にかけます。事実、溝口は次のように書いています。

埼玉県行田市のさきたま古墳群は、武蔵国《むさしのくに》の国造家の墓域だろうといわれているが、そのなかの初期の古墳から掘り出された鉄剣に、両面ぎっしりと、金で象嵌《ぞうがん》された文字が彫り込まれているのが発見された。一九七八年のことである。世紀の発見と騒がれたが、六世紀以前の文字資料の極端に乏しい日本の現状のなかでこの発見は、百年に一度というより、千年に一度ともいえる価値のある発見だった。

そこには銘文の作成が辛亥年（四七一）であることが明記されており、銘文の主である「ヲワケの臣」の「上祖オホヒコ大彦」にはじまる八代にわたる先祖名と、代々「杖刀人の首《おびと》」として大王に仕えてきたという王権社会のなかでの地位・職掌、そして自分自身は「ワカタケル大王（雄略）」に仕えて「天下」を「左治《さち》す（たすけ治める）」といった、王権への貢献を誇る言葉などが記されていた。

たしかに溝口が感嘆したように、「百年に一度というより、千年に一度ともいえる価値のある発見だった」のです。しかし辛亥年＝四七一年と、括弧にわざわざ四七一年を挿入しているのは、せっかくの感嘆も台なしです。

稲荷山鉄剣銘文の「ヲワケの臣」の臣にもとづいて日本の古代系譜の二面性（政治的関係を血縁で表現すること）を指摘した溝口は卓見ですが、こと溝口の辛亥年＝四七一年説は考古学と文献史料との整合性からいっても明らかに間違っています。これは一人溝口睦子女史の責任ではなく、辛亥年＝四七一年説をよしとする、先学の考古学者・文献史学者、新聞・テレビ、歴史教科書の教師たちの由々しき責任であると言わなければならないでしょう。

◇加羅系渡来集団の始祖王崇神

溝口の卓見とは、「ヲワケの臣が自分の系譜の始祖にオホヒコをあげているが、オホヒコが明らかにヲワケの臣の真実の血縁ではなく、有力氏族の阿倍氏や高橋氏（膳臣ら）と同じグループに所属していたことを意味している」と指摘していることです。

であれば溝口は「日本古代国家は新旧二つの加羅系（旧）と百済系（新）の渡来集団によって建国された」とする、本書冒頭に紹介した石渡信一郎説と類似しているといってもよいでしょう。ヲワケの臣は、代々からの加羅系崇神王朝に属する阿倍氏や高橋氏のグループに入るからです。

タカミムスヒは加羅系渡来集団の始祖王崇神の霊＝アマテル神とみてよいでしょう。であれば溝口の指摘する「臣」「連」の姓はワカタケル大王（欽明）による辛亥のクーデター後の「敵」「味方」など論功行賞による類別とみることができます。

「タカミムスヒは忘れられた神であったが、実は天孫降臨神話における主神・最高神であり、皇祖神・国家神である」と溝口は言います。溝口によれば、現在、研究者のなかでタカミムヒが本来主神であったことに異を唱える人はほとんどいません。それでもアマテラスが主神だと疑わない人がいますが、それは『古事記』の影響によると溝口は指摘しています。

しかし欽明＝ワカタケル大王による五三一年の辛亥のクーデターの史実を明らかにしなければ、溝口が指摘するタカミムヒが皇祖神・国家神であることを合理的に解明することができません。

ではありますが、「紀記」編纂者（太安万侶もふくめて）が意図的に五三一年の辛亥のクーデターを隠したために、通説は辛亥年＝四七一年となっています。溝口が『日本書紀』編纂者の罠に陥っているかぎり、タカミムスヒが加羅系渡来集団の祖崇神の霊アマテルであることを説明できません。

◇「紀記」編纂者が隠した本当の史実

溝口睦子によれば、『古事記』は『日本書紀』よりずっと大胆で新しい。そのことは本書でも随所で述べています。この溝口の考察は、「七一二年に成立した、『古事記』は序文を取り除くと、それよりかなり古い」とする三浦佑之《みうらすけゆき》の説と対立します。溝口の考察の根拠は、次に引用する『古事記』天孫降臨の前段の記事です。

アマテラスの言葉で「豊葦原の千秋《ちあき》の長五百秋《ながいほあき》の水穂の国は、我が御子正勝吾勝勝《まさかつあかつかち》速日天忍穂耳命《はやひあめのおしほみみのみこと》が統治する国であるぞ」と国の統治を委任して、天降りさせた。この引用文を読むと、アマテラスが天孫降臨の主神であることを強く打ち出されているが、そのあとの天上界の主神が神々に命令する箇所ではすべてタカミムスヒとアマテラスの二神が併記されていることである。最初の二例はタカミムスヒが先、あと五例はすべてアマテラスが先である。

溝口はこのようなアマテラスとタカミムスヒの二神を併記するやり方を、「長く主神であったタカミムスヒを、いきなり排除するのを躊躇するために取られた方法である」としています。溝口はこのタカミムスヒからアマテラスへの移行時期を『古事記』が成立した七世紀末（天武・持統朝）から八世紀初頭（文武・元明と藤原不比等）とみています。しかし、これは五三一年の辛亥年のクーデターによる政権交代の結果、崇神系タカミムスヒ（アマテル）が排除された史実を前提にしなければ正解とはいえません。

◇月次祭《つきなみ》の祝詞《のりと》

溝口の指摘によれば、この天孫降臨の主神に加えてもう一つ重要な「月次祭《つきなみ》り」という祭りの際に読み上げる祝詞《のりと》があり、その祝詞にはタカミムスヒについての必須文献があるといっています。

月次祭は延喜式（平安時代中期に編纂された格式＝律令の施行細則）では六月と一二月の一一日に朝廷と伊勢神宮で行われます。朝廷では神祇官が一一日の朝に、畿内三〇四座の祝部《はふりべ》に幣帛《へいはく》を分け与えます。

また、夜には中和院《ちゅうかいん》（平安京大内裏の殿舎の一）の神嘉殿で、前年に収穫した穀物（旧穀）を天皇が神と一緒に食する「神今食《じんこんじき》」が行われます。ちなみに班幣《はんぺい》は伊勢神宮のみとなり、室町時代に応仁の乱のため廃止となりましたが、明治以降に復活し、現在、多くの神社で毎月一定の日を決めて月次祭が行われています。

それでは肝心の祝詞《のりと》にはどのようなことが書かれているのでしょうか。溝口の解説を要約して次に引用します。

前書きを除くと、第一段では八神殿に祀られているタカミムスヒをはじめとする「宮中八神」に感謝の言葉が述べられる。第二、三、四段では宮中の井戸の神や宮殿の敷地の神、そして御門の神などの宮殿の守護神、それに国土（八十島）の神への感謝が述べられる。第五、六、七段では、天皇に野菜を献上する皇室直轄地で御県《みあがた》の神、宮殿造営のための材木を献上する地域の神、天皇が食する酒食のための稲を献上する神への感謝が述べられる。

文中の「宮中八神」とはタカミムスヒ・カミムスヒ・タマツメムスヒ・イクムスヒ・タルムスヒ・オオミヤノメ・コトシロヌシ・ミケツの八神です。すなわち八神は宮殿の神・託宣神・食料神などいわゆるムスヒ（産霊、産巣日、産日、産魂）の神です。すでに述べましたが、『日本書紀』第二神代下第九段の第二の一書（異伝）の中程に次のような記事があります。

私（タカミムスヒ）は天津神籬《あまつひもろぎ》と天津磐境《あまついわさか》を設立して我が子孫のためにお祭りしよう。お前たち天児屋命《あまのこやねのみこと》・太玉命《ふとたまのみこと》は、天津神籬を護持して葦原中国に降り、我が子孫のためにお祭り申上げよ。

引用文中の天津神籬と天津磐境は、神が降臨するための祭壇のことであり、天児屋命と太玉命は神祇《じんぎ》氏族の中臣《なかとみ》と忌部《いんべ》の先祖にあたります。『日本書紀』第二神代下第九段の第二の一書（異伝）は明らかに、タカミムスヒが自分の子孫である天皇の繁栄のために祭壇を造って与えたことを意味しています。

◇天照御魂＝太陽神＝タカミムスヒ＝王権の神

『古事記』が天孫降臨の主神としてタカミムスヒとアマテラスを併記していることから、溝口がタカミムスヒからアマテラスへの移行時期を、『古事記』が成立した七世紀末（天武・持統朝）から八世紀初頭（文武・元明と藤原不比等）とみていることは先述しましたが、月次祭の祝詞や『日本書紀』神代九段第二異伝からも、溝口は日本の皇祖神・国家神の変遷を次のように考察しています。

ヤマト王権時代（五世紀―七世紀）――タカミムスヒ
律令国家成立以降（八世紀〜　）――アマテラス

それでは、五世紀から祭られたタカミムスヒは史実として把握できるのでしょうか『日本書紀』には見られませんが、『延喜式』神名帳（平安初期に編纂された古代の神社に関する根本史料）のなかに「大国魂」や「高御魂」が見え、また「天照御魂」という名の付く神が次の六例あります。

新屋坐天照御魂神社（大阪府茨木市西福井）
新屋坐天照御魂神社（大阪府茨木市宿久庄）
新屋坐天照御魂神社（大阪府茨木市西河原）
木嶋坐天照御魂神社（京都市左京区太秦）
鏡作坐天照御魂神社（奈良県磯城郡田原本町八尾八一六）
他田坐天照御魂神社（奈良県桜井市太田字堂久保）

これら「天照《あまてる》御魂《みたま》」の名の付く神を溝口は北方ユーラシアに起源をもつ太陽神としています。したがって、「御魂」は従来のように「ミタマ」と読むのではなく、「ミムスヒ」と読むのが正しいのです。すなわち、「ムスヒ」に「ミ（御）」という美称が付いた「タカミムスヒ」と同じ太陽神であり、王権の神なのです。

5　アマテルからアマテラスに

◎天孫降臨神話の二元構造

溝口睦子によれば、「紀記」神話は「神代上」のイザナキ・イザナミの国生みとアマテラスとスサノオ誕生が介在する古くから伝わった日本土着の神話・伝説と、「『日本書紀』第二神代下第九段神代下」の北方系の支配者の起源タカミムスヒを主神とする天孫降臨神話の二元構造になっています。

溝口による『アマテラスの誕生』は、このような異質な二つの神話、すなわち古い日本の神アマテラスと新しい北方ユーラシアを出自とする神タカミムスヒの二元対立構造のなかで、いかに新しいタカミムスヒに代わって古いアマテラスが国家神として新たに登場するのかを問う本です。このことについて、溝口は次のように書いています。

七世紀の末、律令国家の成立に向けて、強力に改革をすすめる天武天皇は、一方で歴史書の編纂を命じて、新しい中央集権国家を支えるイデオロギーとしての、神話の一元化をはかった。そのとき、皇祖神＝国家神として選び取られたのはそれまでずっと皇祖神であったタカミムスヒではなく、土着の太陽神であるアマテラスであった。

もっともタカミムスヒは、いきなり皇祖神の座から追い落とされたのではなく、しばらくの間は、新たに皇祖神に昇格したアマテラスと並んで、もとの皇祖神の地位を占め、実際はこの転換は、時間をかけてかなり曖昧な形で推移した。しかしいずれにしても、この時、皇祖神の転換は行われたのであり、この時期以後、日本国の皇祖神＝国家神はアマテラスになった。

国家神の転換という事態はなぜ起きたのか。またそれはなぜ可能だったのか。

◎タカミムスヒからアマテラスへの転換

この国家神タカミムスヒからアマテラスへの転換の時期を、溝口は天武天皇の在位中（六七二—六八六）とみています。なぜなら天武は、律令の編纂開始とほぼ同時に、歴史書の編纂にとりかかっているからです。天武自身が直接編纂にあたったという『古事記』がそのことを示しています。『古事記』はまさに一元化された新しい神話と歴史書であったと溝口は指摘しますが、説明しきれていません。正直、次のように本音を吐露しています。

アマテラスを特別重視する何かが、早い時点から天武の胸中に芽生えていたことを認めなければならない。ただ、しかし、それがどのような意味での重視なのか現在のところ不明である。あるいは壬申の乱ではじめて地方豪族に身近に接したことが土着文化の厚みに気付かせるきっかけをつくったのだろうか。

この問題に関して、いまのところ私は手がかりをもっていませんが、ともかくかなり早い時点から、天武がアマテラス重視に傾いていたことは確かで、これも要因の一つとしてあげておくべきでしょう。

そろそろアマテラスの誕生と正体について、溝口睦子に頼るのは限界にきています。なぜなら石渡信一郎が提唱した「新旧二つの朝鮮渡来集団による日本古代国家の成立」の史実と、フロイトの「心的外傷の二重性理論」の説を前提にしなければ、アマテラスの誕生は解けないからです。そこで本書「まえがき」で述べたフロイトの説をもう一度ここで繰り返すことをお許しください。

フロイトは「心的外傷の二重性理論」について「二つの民族集団の合体と崩壊。すなわち最初の宗教は別の後の宗教に駆逐されながら、後に最初の宗教が姿を現し勝利を得る。すなわち民族の一方の構成部分が心的外傷の原因と認められる体験をしているのに、他の構成部分はこの体験に与《あず》からなかったという事実の必然的結果である」と語っています。

このフロイトの「最初の宗教は別の後の宗教に駆逐されながら、後に最初の宗教が姿を現し勝利を得る」という説は、石渡信一郎の「朝鮮半島から渡来した新旧二つの渡来団による古代国家の成立」に適用できます。しかし「新旧」の旧の加羅系渡来集団が倭国に最初に渡来した時、倭国がどのような神と宗教をもっていたのかは、ここでは問いません。

言えることは、旧の加羅系渡来集団は崇神の霊アマテル神を祀り、新の百済系渡来集団は応神＝昆支の霊＝八幡神を祭ったことです。もっとわかりやすく言えば、ワカタケル大王欽明による五三一年の辛亥のクーデターを経て、六四五年の乙巳《いっし》のクーデターで蘇我王朝三代（馬子・蝦夷・入鹿）が滅ぼされてからは、旧のアマテル神はアマテラスになったのです（「終章：アマテラスと八幡神」参照）。なお、次項ではアマテラスを祖とする神にして人、人にして神の神武の正体を検証します。

6　人にして神、神にして人の神日本磐余彦

◇神の名のイワレヒコ

『日本書紀』巻三の神武紀は、即位前紀から即位後まで神武天皇を主人公とした物語です。『日本書紀』（律令国家初頭の七二〇年成立）は一三〇〇年経た現在においても、日本古

代の正史として天皇の歴史＝日本の起源を知る必須の本です。初代紀の神武が「人にして神、神にして人」であることは、次に引用する記事からも明らかです。

神武天皇は諱《いみな》（実名、生前の名前）はヒコホホデミ（彦火火出見）といい、ヒコナギサタケウカヤフキアエズ（彦波瀲武鸕鷀草葺不合尊）の第四子である。母はタマヨリヒメ（玉依姫。海神の娘）と申し、海神《わたつみ》の二番目の娘である。

天皇は生まれつき聡明であり、確固たる意志の持主である。御年一五で皇太子になった。長じて、日向国《ひむか》（大隅・薩摩国）の吾田《あた》邑のアヒラツヒメ（吾平津媛）を娶って妃とし、タギシミミ（手研耳命）を生んだ。四五歳になった時、兄たちや皇子たちに次のように語った。

「むかしわが天神《あまつかみ》のタカミムスヒ・オオヒルメ（太陽のような女性、アマテラス）は、この豊葦原瑞穂《とよあしはらみずほ》国をすっかりわが天孫のホノニニギに授けた。そこでホノニニギは地上に天下った。天孫が降臨されてから今日まで一七九万二四七〇年余がすぎた。

しかしながら遼遠の地は今なお王化の恩恵に浴していない。小さな村には酋長がいて、各々がそれぞれ境を設け、互いにしのぎを削っている。塩土老翁《しをつちのおじ》に聞いてみた。するとと塩土老翁は〝東方に美しい国があります。四方を青山が囲んでいます。その中に天磐船《あまついわふね》に乗って飛び下った者がいます〟と言った。

私が思うにその国はきっと、天つ日嗣《ひつぎ》の大業を弘め、天下に君臨するものに足りる所であろう。さだめしわが国の中心の地ではあるまいか。その天から飛び降りた者というのは、おそらくニギハヤヒ（饒速日）であろう。そこへ行って都を定めることにしようではないか」と言った。

諸皇子たちも「道理は明らかです。私たちも常々そう思っていました。さっそく実行なさいませ」と答えた。この年は、太歳は庚寅（紀元前六六七）であった。その年の冬一〇月の丁巳朔《ていしさく》の辛酉（五日）に、天皇は船軍を率い東征の途についた。

◇神武天皇即位の日＝紀元節

神武は『日本書紀』ではカムヤマトイワレヒ（神日本磐余彦尊）、ハツクニシラス（始馭天下之天皇尊）、ワカミケヌ（若御毛沼命）、ササ（狭野尊）、ヒコホホデミ（彦火火出見）と呼ばれ、古事記では神倭伊波礼毘古命と表記されます。『日本書紀』の「日本《やまと》」が『古事記』では「倭《やまと》」となっています。

明治二二年（一八八九）二月一一日、神武天皇即位日の「二月一一日」を期して大日本帝国憲法が発布されました。以降、「二月一一日」は大日本帝国憲法発布の記念日となりました。ちなみに大日本帝国（明治）憲法の告文（序）の「天壌無窮《てんじょうむきゅう》」と「神の宝祚を承継」は『日本書紀』の巻第二神代下第九段正文の天孫降臨のアマテラスがホノニニギに下した神勅の丸写しです。

明治二四年（一八九一）「小学校祝日大祭儀式規程」が定められます。天皇皇后のいわゆる「御真影（写真）」に対する最敬礼と万歳奉祝、校長による教育勅語の奉読などからなる儀式が小学校で行われ、大正三年（一九一四）からは全国の神社で紀元節祭が実行されました。

第二次世界大戦後の昭和二二年（一九四七）、片山哲内閣のもと祝日の法案に紀元節が「建国の日」として盛り込まれましたが、連合国軍最高司令官総司令部により削除されました。しかし第三次吉田茂内閣による昭和二六年（一九五一）九月八日のサンフランシスコ平和条約締結の翌年から紀元節復活運動が起き、昭和三三年（一九五八）第二次岸信介内閣のもと議案が国会に提出されました。

その後、「紀元節」復活の賛否両論のなかで、廃案と再提案を繰り返して昭和四一年（一九六六）三月七日、第一次佐藤栄作内閣のもと政府は紀元節を含む祝日法改正案を衆議院に提出、この月の二五日閣議で明治一〇〇年記念事業を国家規模で行うことが決定され、一二月八日建国記念日審議会は、憲法記念の日を二月一一日と答申（九日公布）しました。

それより四ヵ月前の八月、桑原武夫・末川博ら文化人・学者八八七人は、二月一一日とすることに反対声明を発表しました。この年（一九六六）の一月の早大生の授業料値上げ反対ストライキによる大学本部占拠（六月終結）、四月二六日の公労協・交通共闘による戦後最大の交通スト、九月一八日のサルトル、ボーヴォワールの来日、一一月二四日の明治大学・中央大学の学生による授業料値上げの反対運動が起きました。

これら学生運動は、国際基督教大学→東京教育大学筑波移転→家永三郎の高校日本史教科書訴訟→法政大学学生処分→東大医学部自治会の無期限スト→日大紛争→全共闘による東大安田講堂（一九六八年三月二七日）の占拠に拡大しました。

◇若手研究者の説とその徴候

神武が一二七歳まで生きたとする『日本書紀』の記事を信じるものは現在ではほとんどいません。神武はもちろん第二代綏靖《すいぜい》から第九代開化までの八代を、「欠史八代《けっしはちだい》」と呼び、いずれも伝説の天皇で実在せず、第一〇代崇神《すじん》が初代天皇であるという説が通説となっています。

若手古代史研究者の一人竹田恒泰（明治天皇の玄孫。父は日本オリンピック員会前会長の竹田恒和）の著述・発言は、「紀記」に依存する先学の考古学者・文献史学者の説と共有していることでは説得性があります。しかし説得性があるからといって史実を正しく語っているわけではありません。わかりやすいからといって本当のことだと思わないことです。神武が紀元前一世紀前後に実在したという典型的な例として、次に少し多めに引用しますがご承知いただきたい。

天孫が降臨したのは九州で、神武天皇が九州から大和に東征したと記したのは、単に編纂者の作為ではなく、ヤマト王権の起源が九州にあり、国家統一の動きが九州から動いたという伝説が史実として語り継がれていたからだと考えるのが自然だ。

考古学の視点から見ると、三世紀前半に大和の三輪山周辺に、初めて前方後円墳が造られ始め、三世紀後半にはそれが巨大化していく事実から、この時期にヤマト王権の基盤ができたのではないかと考えられる。

可能性として考えられるのは、神武天皇は三世紀前半の王権の基盤が確立する頃の人物であるということ、もしくは、神武天皇はそれより以前の人物で、時代が下って三世紀前半頃の神武天皇の子孫の時代に王権の基盤が確立したということの二通りである。

もし前者なら、初代から第九代開化天皇までの天皇の在位期間を全て十数年とみなすと、神武天皇が三世紀前半頃の人物だったと考えることは可能である。また後者なら、三輪山周辺に前方後円墳が造られるようになったのは、三世紀後半から四世紀初頭頃が第一〇代崇神天皇の時代であっても矛盾は生じない。

神武天皇の即位が紀元前六六〇年となると、いささか古すぎるような気もするが、ヤマト王権の前身になる勢力がその頃に南九州に誕生し、その勢力が六百年やそこら九州で存続していたとしても何ら不思議はない。

縄文時代の三内丸山遺跡がおよそ千六百年間営まれていたのだから、弥生時代後半に一つの勢力が何百年続いてもおかしくはない。まして神武天皇が紀元前後の人物だと考えるのはさらに容易である。

大和に造られた前方後円墳の副葬品には刀剣・矛・鏡・玉・鉄器などが見られるが、これらは弥生時代の九州地方の墳墓の副葬品である。当時鉄は国内では採れなかったので、鉄を保持するというのは、朝鮮半島との交易を独占した王権のみが可能である。

九州に見られた鉄器がやがて大和でも見られるようになったのは、それら王権を象徴するものが九州から大和に移動したことを意味し、この考古学的事実は神武天皇東征伝説を彷彿とさせる。

また、かつて大和には多くの銅鐸《どうたく》があった。しかし、大和で前方後円墳が造営されるようになって以降は、銅鐸が姿を消す。ということは、大和には銅鐸を使う文化があったところ、他から来た勢力によって滅ぼされたと考えるべきである。そしてヤマト王権の文化に銅鐸がないのは、記紀に銅鐸の記述が存在しないこと、前方後円墳造営以降銅鐸が姿を消していることから明白である。

物事が有ることを証明するのは、有ることの証拠を出せば済むので比較的容易である。しかし、物事が無かったことを証明するのは困難であり、全ての可能性を否定しない限り、状況証拠の域をでないからである。

神武天皇が実在したことは、少なくとも我が国の正史である日本書紀に記載されていることだから、これが無かったという以上、それなりの証拠があるべきだろう。

『語られなかった皇族たちの真実』（小学館、二〇〇六、山本七平賞）、『旧皇族が語る天皇の日本史』（PHP新書、二〇〇八）、『怨霊になった天皇』（小学館、二〇〇九）、『日本はなぜ世界でいちばん人気があるのか』（PHP新書、二〇一一）等々でベストセラーを出し、「女系天皇容認反対論」でも注目を集め、新聞・テレビ・雑誌で活躍している竹田の説は、歳が若いからといって斬新と言えるものではありません。

竹田の説はきわめてありふれており、現在若手の考古学者の一部が唱えている卑弥呼の墓＝箸墓古墳説、三角縁神獣鏡＝卑弥呼銅鏡説にもとづいています。また文献史学ではすでに三〇年前に「好太王碑と倭の論争」で三王朝交替説（崇神→応神・仁徳→継体）の水野祐と九州王朝説の『邪馬台国はなかった』の古田武彦や安本美典の「天皇在位平均一〇年説」を足して三で割った説に依拠しています。

以上、竹田恒泰のわかりやすく、かつ人あたりのよい説明は歓迎すべきではありますが、その説は独創的とは言えず、日本古代史の解明に心機一転の改革をもたらすものではありません。

二〇〇一年一二月の天皇誕生日の記者会見で、平成天皇の「百済武寧王の子孫発言」が話題になりましたが、竹田恒泰など皇室関係者の発言が一〇年前からより自由になったと冷静に受け取るべきであり、マスコミは無反省に利用すべきではないのです。

さて、問題は国家の起源＝天皇の起源のことです。他人《ひと》の著作のあれこれを穿《ほじく》り返すのはこれぐらいにして神武の東征の話に戻ることにしますが、アマテラスを祖神とする初代神武天皇がいかに現在の我々世代の日常生活に影響しているかと思うと慨嘆せざるをえません。

7　日本磐余彦の東征

◎東征の開始

神武（以下、イワレヒコ）が東征を宣言した年は、『日本書紀』によると干支は甲寅《こういん》（紀元前六九一）でした。この年の一〇月五日にイワレヒコは兄たちと一緒に東征の途につきました。筑紫の宇佐に到着すると、そこにウサツヒコ（菟狭津彦）・ウサツヒメ（菟狭津媛）がいました。この時、イワレヒコはウサツヒメを従臣のアマノタネコ（天種子命）に娶《めと》らせました。アマノタネコは中臣氏の遠祖です。

一一月一行は筑紫国の岡水門《おかのみなと》（福岡県遠賀川河口）に着きました。一二月二七日安芸国の埃宮《えのみや》（広島県安芸郡府中町）に滞在しました。翌年の乙卯《いつぼう》の年の三月六日に吉備国に移り、高島宮（岡山市宮浦）に三年間滞在しました。

◎河内国日下村に到着

出発してから五年目の戊午年（紀元前六六三）二月一一日東を目指して船を進め難波の

碕《みさき》までくると、早い潮流に出会いました。そこを浪速国《なみはやのくに》といいました。

また浪花と名付けました。三月一〇日河を遡り、河内国日下村《くさか》（東大阪市日下）の青雲の白肩津《しらかたのつ》（生駒西山麓）に着きました。

四月九日イワレヒコの軍は徒歩で竜田（奈良県生駒郡竜田）に向かいました。しかし路は険しく隊列を組んで進むことができませんでした。いったん後退してさらに東の胆駒《いこま》山（生駒山）を越えて国の内部に進入しようとしました。そのことを知ったナガスネビコ（長髄彦）は「天神《あまつかみ》らがやって来るのは、きっと我が国を奪うためであろう」と言って、全軍を率いて孔舎衛《くさえ》（近鉄奈良線の石切・生駒）で迎え撃ちました。この時、ナガスネヒコの兵が放った流れ矢が長兄のイッセ（五瀬）の肘にあたり、イワレヒコの軍はこれ以上進撃することができなくなりました。

◇長子イッセの絶命

イワレヒコは「私は日神の子孫でありながら、日に向かって敵と戦っている。ひとまず退却してあらためて天神地祇《てんしんちぎ》を祀り、日神を背に受けて敵に襲いかかるべきだ」と言って、草香津（東大阪市日下町）で退却しました。五月八日イワレヒコの軍は茅渟（大阪府泉南市男里）の山城水門に到着しました。

その時イツセは、「賊のために手傷を負って死んでしまうとは！」と雄叫《おたけ》びを上げました。これより先、孔舎衛の戦いで、ある人が大樹に隠れて難を逃れることがありました。そこで「この樹の恩は母のように大きい」と言いました。時の人は母木邑《おものきむら》（東大阪市豊浦町）と名付けました。山城水門からさらに進んで紀国《きのくに》の竈山《かまやま》（和歌山市和田。五瀬命の墓がある）に達した時、イツセは絶命しました。

六月二三日イワレヒコ軍は名草邑（和歌山市西南の名草山付近）に到着し、そこのナグサノトベ（名草戸畔）という者を討伐しました。そしてそこから狭野《さの》（和歌山県新宮市佐野）を越えて熊野の神邑（熊野速玉神社）に着きました。天磐楯（新宮市神倉山）に登り、さらに進軍しました。ところが急に海が荒れ出します。

その時、イナヒ（稲飯命）が「我が祖先は天神である。母は海神である。どうして私を陸で苦しめ、海で苦しめるのか」と言い終わると、剣を抜き海に身を投じました。それがサイモチノカミ（鋤持神、鮫）となりました。続いてミケイリノ（三毛入野命。稲飯命の弟。神武の兄）が「我が母と姨《おば》とは共に海神である。それなのにどうして溺れさせようとするのか」と身を投じました。

イワレヒコは子のタギシミミ（手研耳尊）と軍勢を率いて熊野の荒坂津（三重県南牟婁郡荒坂村二木島）またの名は丹敷浦《にしきのうら》（三重県度会郡紀勢町錦）に到着しました。そこのニシキトベ（丹敷戸畔）という者を誅伐しました。

その時、悪神が毒気を吐き、将兵はみな倒れてしまいました。この時名を熊野のタカクラジ（高倉下）という者が夢をみました。その夢のなかでアマテラスがタケミカヅチに次のように語りました。

「葦原中国はいまだに騒然としている。お前がふたたび赴《おもむ》いて征討せよ」とアマテラス。

「私が行かなくとも、私がかつて平定した時に使った剣を下せば、国はおのずと平らぐでしょう」とタケミカヅチ。そこでタケミカヅチはタカクラジに「私の剣は名を韴霊《ふつのみたま》という。今、これをお前の倉の中に置こう。それを天孫に献上せよ」と言いました。

その時、高倉下は目を覚ましました。翌朝、倉の戸を開けると天から落ちた剣が逆さまに突き立っていたので、それをイワレヒコに献上しました。その時イワレヒコはまだ眠っていましたが、「私はどうしてこんなに長い間眠っていたのだろう」と目を覚ましました。

すると兵たちも同じように目を覚ましました。

◇兄猾《えうかし》と弟猾《おとうかし》を招く

天皇軍はふたたび進軍しようとしましたが、山々は険阻で行くべき道もなく進退窮まります。その夜天皇は夢を見ました。「私は今から頭八咫烏《やたがらす》（以下、ヤタガラス）を派遣しよう。この烏を道案内にせよ」とアマテラス。はたしてヤタガラスが天から舞い降りてきました。

イワレヒコは「この烏が来たことは瑞夢《ずいむ》（吉夢）に適《かな》っている。我が皇祖のアマテラスは天つ日嗣《ひつぎ》の大業を助けようとしているのだ」と言った。この時、大伴氏の遠祖ヒノオミ（日臣命）はオオクメ（大久米）を率いてヤタガラスの後を追いながら山中を切り開いて進み、ついに菟田《うだ》（宇陀郡菟田野町宇賀志）の下県《しもあがた》に着きました。イワレヒコは「お前は武勇の臣である。また先導の功績もあった。これからはお前の名をミチノオミ（道臣）とする」とヒノオミを激賞しました。

八月二日イワレヒコはエウカシ（兄猾）とオトウカシ（弟猾）を招きました。二人は菟田県の首領です。そのときエウカシは現れず、オトウカシが参上しました。「私の兄のエウカシは天孫がやってくるというので、襲撃するつもりでしたが天皇軍の威勢に恐れをなして密かに暗殺を企んでいます」とオトウカシ。

イワレヒコはミチノオミを派遣してその反逆の様子を下見させました。ミチノオミは「敵のやつめ、うぬが造った建物の中に己《おのれ》が入ってみろ」とエウカシを殺してしまいました。それゆえ、エウカシの血が流れた地を血原（室生村田口）といいます。オトウカシはおおいに天皇軍をねぎらいました。

◇イワレヒコ国中を眺望する

その後、イワレヒコは菟田の穿邑《うかちのむら》を出発して吉野の地を見回りました。井戸の中から現れた国神《くにつかみ》のイヒカ（井光）や磐を押し開けて現れた吉野のクニスラ（国樔部）の始祖イワオシワク（磐排別）の子と出会いました。さらに吉野川を下ると簗《やな》で魚をとっているニエモツ（苞苴担。天皇に献上する稲・塩・魚を持つ者）の子に出会いました。

九月五日イワレヒコは菟田の高倉山の頂上に登り、国中を眺望しました。その時、国見丘（大宇陀町と桜井市の間の山）の丘にヤソタケル（八十梟帥）、女坂に女軍《めいくさ》、男坂《おさか》に男軍《おいくさ》、墨坂に焃炭《おこしずみ》を配置し、さらに磐余《いわれ》村にエシキ（兄磯城）の軍勢が充満しているのが見えました。

イワレヒコは、この夜祈誓を立てて休みました。夢の中に天神が現れて「天香山《あめのかぐやま》の社《やしろ》の土をとり、天平瓮《あまのひらか》八〇枚を造り、また厳瓮《いつへ》（瓶）を置き、霊威のある呪詛をせよ」と言いました。イワレヒコはお告げどおりに実行しました。

「倭国《やまとのくに》の磯城邑《しきのむら》（三輪山西部山麓旧桜井町）にシキノヤソタケル（磯城八十梟帥）がいます。また高尾張邑（御所市西南部）に赤銅《あかがね》ヤソタケル（八十梟帥）がいます」とオトウカシは夢でみたような霊威ある祭りをするように言ったので、イワレヒコは心中とても喜びました。

イワレヒコは丹生《にぶ》川（菟田川のことか）上流の真坂樹《まさかき》の根から抜き取って諸神を祭り、「タカミムスヒの神霊の憑人《よりまし》となって祭りを行いたい。お前は斎主《いわいぬし》として厳媛《いつひめ》の名を与えよう」と道臣に命じました。

◎イワレヒコ兄磯城を斬る

一〇月一日イワレヒコは軍を発して国見岳でヤソタケルを討ちました。しかしまだ残党が多数いたので、ミチノオミを呼び、忍坂邑《おさか》（桜井市忍坂）に大きな室を造り、盛大な宴会を開くように命じました。敵はこの宴会に欺かれて多くの死者を出しました。

一一月七日イワレヒコの軍はイソシキ（エシキとオトシキ）を攻撃するため、エシキを呼びました。ところがエシキはその命令に従いません。そこでヤタガラスを使いに出しました。ヤタガラスは「天神の御子がお前を呼んでいる。さあ」と言いました。

エシキはこれを聞いて「アマノオス（天圧神）が来たと聞いて憤慨しているのに、烏がなぜ不吉な声で鳴くのか」と弓を引き絞って射ました。ヤタガラスはすばやく逃げてオトシキの家にやってきました。

「天神の子がお前を呼んでいる。さあ」とヤタガラス。「アマノオスが来られると聞いて、とても嬉しく思っている」とオトシキは木の葉で編んだ平皿八枚の上に料理を盛って振る舞いました。その後オトシキはヤタガラスに案内されてイワレヒコのもとに参上しました。「私の兄のエシキは叛逆心をもっています」とオトシキ。「エシキは狡猾です。まずオトシキに諭させ、エクラジとオトクラジを説得しましょう」と諸将たち。しかしエシキはオトシキ城の説得にも応じません。その時、シイネツヒコ（椎根津彦）が「我が女軍を忍坂から出陣させましょう。敵はこれを見て精兵を送ってくるでしょう。私は味方の強兵で墨坂の炭火を菟田川の水で消し止めます」と言いました。イワレヒコはこの計略をよしとして男軍を率いて墨坂を越えて首魁のエシキを斬り殺しました。

◇ニギハヤヒ、イワレヒコに降伏

一二月四日イワレヒコの軍はナガスネヒコ（長髄彦）を攻撃しました。攻撃は何回も失敗します。そんな時に金色の鵄《とび》がイワレヒコの弓の弭《はず》に止まりました。この金色の光は稲妻のようであったので、ナガスネヒコの軍勢は散り散りになって戦う気力を失いました。時の人はこの地を鵄邑《とびむら》と名付けました。いまの鳥見《とみ》（奈良市西部の富雄町）は訛《なま》ったものです。

イワレヒコは孔舎衛《くさえ》の戦いの致命傷で亡くなった兄イツセのことを思うと敵のナガスネ

ヒコを徹底的に殺さないではいられません。そして次のような歌を詠みました。

垣根の周辺に植えた山椒の実を食べると口はひりひりして忘れられない。
そのように敵から受けた痛手は今も忘れてはいない。必ず仇を討ってやろう。

時にナガスネヒコは使者を送ってイワレヒコに次のようなことを告げました。

昔、天神の子が天磐船に乗って天下りました。名はクシタマニギハヤイ〔櫛玉饒速日尊〕といいます。この命が私の妹ミカシキヤヒメ〔三炊屋媛〕〔またの名は長髄媛、またの名は鳥見屋媛という〕を娶ってウマシマジ〔可美真手命〕を生みました。そのようなわけで私はニギハヤヒにお仕えしています。いったい天孫の子が二人いるはずがありません。
それなのにどうしてまた天神の御子と称して、人の国を奪おうとしているのでしょうか。私の察するところ決して本当ではないでしょう。

「天神の子とはいっても大勢いる。お前が君と崇める者が本当の天神であるならば、必ず表徴《しるし》の品があるだろう。それを見せよ」とイワレヒコ。ナガスネヒコはニギハヤヒの天《あま》羽羽矢《のははや》一本と歩靫《かちゆき》を取り出してイワレヒコに見せました。イワレヒコは「偽りではなかった」と答え、今度はイワレヒコが持っている天羽羽矢一本と歩靫をナガスネヒコに示しました。

ナガスネヒコはその天上界の表徴をみて納得しましたが、いまさら改心するわけにはいきません。ナガスネヒコの心はねじ曲がっていたからです。なぜなら神と人との区別を教えても理解しようとしませんでした。

もともとニギハヤヒは天神が天孫の天皇イワレヒコだけを味方していることを知っていたので、ナガスネヒコを殺害して帰順しました。天皇イワレヒコはニギハヤヒがここで忠誠の功を立てたので寵愛しました。ニギハヤヒは物部氏の遠祖です。

◇イワレヒコ、土蜘蛛《つちぐも》を一網打尽

己未《きび》の年の二月二〇日、層富県《そほのあがた》（奈良市と生駒市の辺り）の波哆《はた》（添上郡椿尾村）の丘に居住するニキトベ（新城戸畔）、和珥《わに》（天理市和珥）の坂本のコセノハフリ（居勢祝）、臍見《ほそみ》（未詳）のイノハフリ（猪祝）ら三ヵ所の土蜘蛛《つちぐも》（不服従の先住民。熊襲・蝦夷の類）を誅伐しました。

高尾張邑（御所市西南部）にも土蜘蛛がいた。その風貌は身の丈が低く手足が長く侏儒《しゅじゅ》（小人）に似ていました。イワレヒコの天皇軍は葛《かずら》の網で一網打尽にして殺しました。それによってこの地を葛城といいます。

そもそも磐余の地は旧名が片居《かたい》、または片立（片寄って人が立っていることか）といいます。イワレヒコの天皇軍が賊を平らげることによって軍兵が満ち溢れました。それで名をあらためて磐余《いわれ》としました。天皇軍が雄叫びをあげた所を猛田《たけた》（奈良県橿原市東竹田か、宇陀郡菟田野町か）といい、城を造った所を城田《きた》（添上郡城田村か）といいます。殺害された賊徒の死体が累々と転がっている所は頬枕田《つらまきた》といいます。

8　辛酉の年に異変が起こること

◇辛酉革命説

乙未年（BC六六二）の三月七日、イワレヒコは「東方の征討を始めてから六年が経過した。天神の威光を受けて大和国は塵もたたないほどに平穏になったが、辺境の地は鎮静していない。しかしタカミムスヒとアマテラスの二祖の徳に応えて、畝傍山の東南の橿原に都を定め、宮殿を造ろう」と宣言しました。

庚申（BC六六一）の年の八月一六日、イワレヒコは正妃を立てようとして、改めて広く貴族の子女を求めました。この時、ある人が「コトシロヌシがミシマノミゾクイノミミ（三島溝橛耳神）の娘を娶って生んだヒメタタライスズヒメの容姿が秀麗です」と勧めました。九月二四日天皇は喜んでヒメタタライスズヒメを正妃としました。

辛酉の年の正月一日、イワレヒコは橿原宮で即位したこの年を天皇の元年とし、正妃を皇后としました。この皇后は皇子の神八井命（第一子）と神渟名川耳尊《かむぬなかわみみのみこと》（第二代孝霊天皇）を生みました。ところで、『日本書紀』頭注には次のように書かれています。

> （天皇イワレヒコが）辛酉の年には即位したというのは、辛酉《かのととり》の年には異変が起こるという一種の予言説。中国の讖緯《しんい》説（神意）によるものである。讖緯説とは干支一元六〇年、二一元（六〇年×二一元＝一二六〇年＝一蔀）の辛酉の年には大革命があるという説である。日本でも平安初期の三善清行（八四七―九一九）によって唱えられた。この説に従えば推古天皇九年辛酉（六〇一）から二一元前の辛酉（紀元前六六〇年）を神武天皇元年としたと考えられる。

いわゆるこの讖緯説にもとづく辛酉革命説は神武天皇が実在したのか、しなかったのか、あるいは単なる伝説上の人物なのか、あるいは伝説になるべき実在の天皇であったのかを検証する重要な手がかりになる説と考えられています。したがって、このやっかいなテーマにしばらく付き合っていただきたい。この山の頂上を越えれば日本の古代史がよくわかるようになります。

◇『古事記』と『日本書紀』の違い

『古事記』の神武東征の説話も、『日本書紀』とほぼ同じですが、すこし違っている部分もあります。たとえば『日本書紀』では、熊野邑で神武の一行が毒気にあたって意識を失ったとき、霊剣を下すのはアマテラスですが、『古事記』はアマテラスのほかにアマテラスより古い神とされている高木神（＝タカミムスヒ）も登場します。そして、道案内としてヤタノカラスを遣わすのも高木神です。

『古事記』ではナガスネヒコとの戦いで負傷したイツセが「私は日の神の御子であるから、日に向かって戦うのはよくないことだ、そのため敵の痛手を負ってしまった。今からは迂回して、背中に日を受けて敵を討とう」といい、南方迂回作戦を指示しています。つまり、イツセが死ぬまでは「東征」の主役である日の神の御子＝始祖王的存在はイツセです。

またイワレヒコ（神武）が主役として登場するのは、兄イツセの死後で、「熊野村」からです。この点、『日本書紀』が「東征」から「大和征服」・「日本建国」まで一貫して神武を主役としているのと違っています。

『古事記』はイツセとイワレヒコという二人の始祖王がいたことを示唆し、ヤマト国家の始祖王に関する説話としては整っていません。こうしたことから、イワレヒコこと神武の説話は、『日本書紀』よりも『古事記』のほうが原形に近くなります。

『古事記』は七一二年（和銅五）に完成した史書で、七二〇年（養老四）の『日本書紀』より古いと言われていますが、『古事記』を偽書とする説もあります。しかし『古事記』の記事のほうがいつでも『日本書紀』より古いとはかぎりません。神武の説話では『古事記』の説話のほうが原形に近いと言えるだけです。

たとえば大和の地名シキ（磯城）を『古事記』は師木、『日本書紀』は磯城と書いていますが、シキのキは百済語の「城」を意味するキとみられますから、シキの表記に関しては『日本書紀』の方が古い形を伝えています。

また継体の死亡年齢について『古事記』は四三歳、『日本書紀』は八二歳と書いていますが、これも『日本書紀』の方が正しいのです。だからこの二つの史書の記事が違っているときは、江戸時代の国学者本居宣長のように『古事記』のほうが正しいと頭からきめてしまわないで、ケース・バイ・ケースで慎重に検討すべきです。

◇儀鳳暦《ぎほうれき》と元嘉暦《げんかれき》

さて、『日本書紀』は神武が橿原で即位した年月日を紀元前六六〇年の辛酉の年の元旦としています。紀元前六六〇年は縄文時代の後期にあたりますが、文字はまだなかったから年月日を正確に記録することができるわけがありません。

しかし現在でも干支一五運（六〇年×一五運＝九〇〇年）ほど繰り下げた安本美典の卑弥呼＝アマテラス説や二倍年暦換算の古田武彦の西暦一五〇年前後説があります。先述の若手研究者竹田恒泰らの説もあります。

また、一八七三年（明治六）政府は、神武の即位した日を紀元前六六〇年の辛酉の年の元年を太陽暦に振り替えて二月一一日とし、一九四八年（昭和二三）に廃止されましたが、一九六六年（昭和四一年）に現在の「建国記念日」として復活しています。これらのことは先に述べた通りです。

さて干支によって年や月を決めるには、その基礎となる暦が必要ですが、『日本書紀』では「神武紀」から「安康紀」までは儀鳳暦《ぎほうれき》、「雄略紀」から最後の「持統紀」まで元嘉《げんか》暦《れき》を使用しています。

元嘉暦は中国南朝の宋（四二〇―七九）の何承天《かしょうてん》がつくった暦で、元嘉二二年（四四五）から施行されましたから、日本にも五世紀後半頃に伝来しました。儀鳳暦は唐の李淳風がつくった暦で、麟徳二年（六六五＝天智四）から用いられたとみられており、日本では六九〇年（持統四）に採用され、元嘉暦と併用されましたが、六九八年（文武二）から七六三年（天平宝字七）までの間は儀鳳暦だけが用いられました。

事実、『続日本紀』廃帝淳仁天皇天平宝字七年（七六三）八月一八日条に「儀鳳歴（儀鳳年間に唐から新羅に伝わった暦）の使用を廃して、はじめて大衍暦《たいえんれき》（唐の僧一行がつくり、吉備真備によって将来された）を使用した」と書かれています。この大衍暦は中国歴の一つで、かつて中国や日本などで使われていた太陰暦です。

ちょうど『日本書紀』が成立（七二〇年）した頃は、儀鳳暦だけが用いられました。『日本書紀』は神武から安康までの古い天皇の時代に新しい儀鳳暦を使い、雄略から持統までの新しい天皇の時代に古い元嘉暦を使っています。元嘉暦を使用した部分はこの暦を使った古くからの資料があったからです。

儀鳳暦を使った部分は史料がなかったか、もしくは不完全な暦を使った史料であったので、この部分は『日本書紀』の編纂者はあらたに当時使用されていた儀鳳暦を使って干支を記録しました。そこで「神武紀」は儀鳳暦を使用していますから、神武の即位年を辛酉の年と決めたのは日本書紀の編纂者ということになります。

◇紀元前六六〇年の辛酉年

では『日本書紀』の編纂者は、いくつもある辛酉年の中で、どうして紀元前六六〇年の辛酉年を神武の即位年として選んだのでしょうか。この問題については、那珂通世《なかみちよ》（一八五一―一九〇八）以来、中国の辛酉革命説にもとづき、推古九年（六〇一）を起点として一二六〇年繰り上げたとする説が通説となっています。

辛酉革命説では辛酉の年には革命があるとされ、特に干支一元の二一倍にあたる一蔀《ほう》（一二六〇年）ごとの辛酉の年には、大きな革命があるとされます。そこでこの辛酉革命説を知っていた『日本書紀』の編纂者が、神武の即位を国家的大変革とみて、紀元六〇一年から一蔀＝一二六〇年遡らせた辛酉の年においたとみられていました。

しかし、この通説は基本的には正しいのですが、逆算の起点とする年に問題があります。というのは六〇一年（推古九）には、国家的大変革というべき事件が何もありません。水野祐（『日本古代の国家形成』）は、六〇一年より干支一運（六〇年）繰り下げた六六一年（斉明七、辛酉）を起点とする説を唱えました。六六一年には斉明天皇が死亡し、天智天皇が称制（即位せずに政務を執る）するという蔀首大変革の辛酉年にふさわしい事件が重なっているからです。

水野祐説によれば、六六一年を起点とすると神武の即位年は一三二〇年遡らせることになりますが、この点については神功皇后を『魏志』倭人伝に見える邪馬台国の女王卑弥呼に見せかけるために、『日本書紀』が作為した結果であるとして、次のように説明しています。

すなわち、「神功は二〇〇年に仲哀天皇死亡の後、在位期間六九年、二六九年に死亡ということになっているが、これは『魏志』記載の卑弥呼の治世年代とほぼ一致させたのであり、神功の治世はもと九年とされていたのに、『日本書紀』の編纂にあたって六〇年延長して六九年としてしまった。そのための、一蔀一二六〇年の年数が一三二〇年になった」。本書第二章で説明した井原教弼の「干支一運天皇紀」をもう一度見てください。

『応神陵の被葬者はだれか』（一九九〇年）の著者石渡信一郎は、水野祐の「日本書紀編纂者は、六六一年を起点として神功を卑弥呼に見せかけるために、そこから一三二〇年前の紀元前六六〇年を神武の即位年とした」という説を受けながら、『日本書紀』が斉明天皇七年（六六一年、辛酉）を起点としたのは、その前年の六六〇年に百済が滅亡するという天皇家にとっては深刻な事件が起こったため、この六六〇年で古い蔀を終わらせることにしたと修正しています。

9　神武天皇は実在したか

◇神日本磐余彦の「日本」

次は神武が実在の人物であったかどうかを検討します。「記紀」がどのようにして作られたかを実証的に研究した津田左右吉（一八七三―一九六一）は、神武東征説話が代表するように神武の説話は内容のないもので、「記紀」の神話の一部にすぎないとし、神武は神話上の人物であり、実在の天皇ではないとしました（『日本古典の研究』）。

神武の説話が史実をまったく反映しない神話であるとする津田左右吉の見解は支持できませんが、神武が実在の天皇でないことは、神武の陵墓が考古学的に実証されていないことや、神武の物語は神話に近いことからも明らかです。

またカムヤマトイワレヒコ（神日本磐余彦）という神武の和風諡号は後世に作られたものであることがわかります。水野祐によると、孝霊・孝元・開化の三天皇は、持統の諡号にみえる「オオヤマトネコ（大日本根子）」系の諡号をそのまま採用し、持統・文武・元明・元正のそれと同じです。そのほか神武・懿徳《いとく》・孝安三天皇には、「ネコ」はみえませんが、「ヤマト（日本）」あるいは「オオヤマトネコ（大日本根子）」の和風諡号を用いています。

「神日本磐余彦尊」では、ヤマトを「日本」と書いていますが、この書き方は『続日本紀』の大宝二年（七〇二）一二月条にみえる持統の諡号「大倭根子天之広野姫《おおやまとねこあめのひろのひめ》」のように「倭」と書く方法より新しく、元明（在位七〇七―七一五）の諡号「日本根子天津御代豊国《おおやまとねこあまつみしろとよくに》成姫《なりひめ》」や元正（在位七一五―七二四）の諡号「日本根子高瑞浄足姫《やまとねこたかみづきよたらしひめ》」の場合と同じです。

こうしたことから、神武を含めて開化までの九人の天皇の和風諡号は、持統の和風諡号決定後の『日本書紀』が成立した七二〇年までの間に『日本書紀』編纂者によって作られたと考えてよいのです。

◇新旧二つの倭王朝

奈良県橿原市にある現在の神武陵は、江戸時代末期の天皇孝明、将軍は徳川家慶の一八五〇年（嘉永三）に神武の陵と決められ、一八六一（万延）から六三年（文久）の間に現在の形に整えられたものですが、考古学的には認められていません。しかし神武の東征・大和平定の物語は大和に王都を置いて最初の古代国家を建設した始祖王の史実を反映しています。

したがってその国家建設の時期は古墳時代ですから、その始祖王の墓は巨大な古墳が築造されたはずであり、神武がもし実在の初代天皇であったとすれば、それにふさわしい巨大古墳があってしかるべきです。しかし神武の墓として考古学的に認められるような古墳が残っていないことは、神武が実在していなかった証拠です。

第二の綏靖から九代の開化までの八人の天皇は、『日本書紀』に即位・立太子・立后・死亡などについてしか記されておらず、天皇としての事績が記されていないので「欠史八代」と呼ばれています。前述のように彼らの和風諡号が『日本書紀』編纂時に作られたものであることと、陵墓がすべて考古学的に問題にならないことからみて、この八代も実在しないことは明白です。

ちなみに『日本書紀』によれば綏靖は畝傍山の北とあり、安寧は畝傍山南御《み》陰井上陵《ほといのえのみささぎ》、懿徳は畝傍山南織沙谿上陵《まなごたにのえのみささぎ》、孝昭は掖上《わきがみ》博多山上陵畝傍山南織沙谿上陵《まなごたにのえのみささぎ》、孝安は玉手丘上陵、孝霊は掖上《わきがみ》博多山上陵、孝元は剣池島上陵《つるぎいけのしまのみささぎ》、開化が春日率川坂本陵《かすがのいざかわのさかもとのみささぎ》に葬られたとあります。

一方『古事記』は、神武の御陵は「畝傍山の北方の白樫尾のほとり」とあり、綏靖は「衝田《つきた》岡」にあり、安寧は「畝傍山くぼんだ所」とあり、懿徳は「掖上の博多山のほとり」

にあり、孝安は「玉手岡のほとり」とあり、孝霊は「片岡の馬坂のほとり」にあり、孝元は「剣池の中岡のほとり」にあり、開化は「伊耶河《いざかわ》の坂のほとり」にあるといいます。

神武から開化までの九人の天皇の御陵は『日本書紀』と『古事記』ではほぼ一致しています。異なるのは『日本書紀』が次の天皇が前の天皇を埋葬していますが、『古事記』は各天皇紀に各天皇の御陵が記されています。ただし九人の天皇の最後の開化だけは『日本書紀』も『古事記』も開化紀に記されています。これはおそらく神武と「欠史八代八人の天皇」の創作された九人の天皇と、実在の天皇崇神天皇とを区別するためでしょう。

ところで井上光貞はこれらの天皇の実在を否定する根拠として、皇位継承法の問題をあげています。井上によると、欠史八代八人の天皇はそれぞれ父子の関係にありますが、日本で父子継承が皇位継承の方法として考えられてきたのは七世紀になってからですから、この八代を父子継承でつないだのは七世紀のことだといいます。

それでは架空の初代天皇神武とそれに続く八人の架空の天皇が作られたのはなぜでしょうか。それは、古墳時代の日本列島には新旧二つの倭王朝が存在したからです。古事記には、イツセとイワレヒコ（神武）の二人の「日の御子」が登場しますが、最初の主役イツセが死んだ後、イワレヒコが主役になります。主役がイツセからカムヤマトイワレヒコに交替したという話は、古い倭王朝が新倭王朝に交替した史実を反映しています。

◇新倭王朝の始祖王応神＝昆支＝八幡神

『日本書紀』の編纂者は対唐（中国）を配慮して、ヤマト王朝を太古から日本列島に存在した王朝に見せかけるため、ヤマト王朝の始祖王として架空の初代天皇神武を作り、旧加羅系渡来集団の実在の始祖王崇神を第一〇代の天皇としました。そして神武の即位年を紀元前六六〇年に繰り上げ、その空白を埋めるために「欠史八代」の天皇を創作したのです。

応神を新の百済系渡来集団の始祖王とみることができる主たる根拠は次の理由からです。『日本書紀』は応神を聖帝としています。また、ハックニシラススメラミコトと呼ばれる神武は崇神と同じ神の字が入っています。応神と神武の伝承は、いくつかの重要な点で一致しており、初代神武の伝承は、応神の伝承から作られたものと見ることができます。

『日本書紀』仲哀紀九年一二月条によれば、応神が九州から入京するとき、難波で忍熊《おしくま》王（仲哀の妃大中姫の子）の軍の迎撃を受けて上陸できず、紀伊の水門《みなと》に回り、紀伊の日高で神功に会い、それから忍熊王の軍に対する攻撃に移るという話は、神武が紀伊を迂回したという話とよく似ています。

また、神武の和風諡号の「磐余」は、応神の皇太子時代の宮殿磐余に通じます。応神の大隅宮が難波の地に置かれたことは、応神が西方から瀬戸内海を経て、この地に至り、大和入りしたのちも難波を重要な拠点としたからです。

おわりに

今からちょうど一年前の二〇二三年三月三日（金）、『ヤマト王権の古代学』や『蘇我氏の古代学』などの著作がある奈良県橿原市の橿原考古学研究所（以下、考古研）の元企画学芸部長の坂靖さんと写真家梅原さんと私の三人が「考古研」の斜向《はすむかい》の橿原考古博物館の前で会うことになっていました。私はこの会合を機会に考古学と文献史学の齟齬と矛盾について坂靖さんに質問し、できれば『隠された日本古代史（Ⅱ）』の「おわりに」に掲載しようと考えていました。

三月三日、東京駅発一二時三〇分発の「のぞみ」に乗り、天王寺駅に近いホテルにチェックインしたのが午後三時頃でした。途中、梅原さんから電話が入り、坂さんが急性虚血性心疾患で倒れ、当日夕刻の五時の橿原考古博物館の待ち合わせが中止になったという連絡が入りました。

なにはともあれ、阿倍野駅発近鉄南大阪吉野線特急に乗り、橿原神宮前駅に到着したのは丁度夕刻の五時頃でした。辺りはすでに暗くなっていましたが、梅原さんは橿原神宮前のベンチに一人座っていました。

坂さんとの面談中止は病死にかかわることなので、いかんともしがたく、帰りの車中で『隠された日本古代史』の装丁に使う梅原さんの法隆寺若草伽藍の写真のことなどを話しながら阿倍野駅に着いたのが午後七時頃でした。天王子ミオ店で食事をして、九時頃、梅原さんは自宅の枚方市に、私はホテルに戻りました。

※

話題を変えます。坂靖さんと会う約束の三月三日の約一ヵ月前のことです。一月二五日の新聞・テレビは「橿原考古学研究所によれば、直系一〇〇mの円墳富雄丸の造出しから二m三七㎝の蛇行剣と過去に類例のない鼉龍文《だりゅうもん》盾形銅鏡が見つかった」と大々的に報道しました。

当時、私は富雄丸古墳のことはほとんど何も知りませんでした。神武天皇のことを調べようと思い、手許にあった石渡信一郎の著作『蘇我氏の実像』の六二頁の小見出しが「ナガスネヒコの正体」とあり、次のような記事が目にとまりました。

日本書紀神武即位前紀によると、甲寅年＝紀元前六六七年に日向国を出発した神武は戊午《ぼご》年＝BC六六三年に浪速《なにわ》国を経て河内国から大和国に入ろうとしたが、長髄彦《ながすねひこ》の激しい反撃を受け、紀伊半島を迂回して大和国に入り、長髄彦を撃破している。

神武と戦ったナガスネヒコは『古事記』にはトミノナガスネヒコ（登美能那賀須泥古）・トミビコ（登美毘古）と書かれている。鳥見（登美）は、奈良県生駒町の北部から奈良市の西端部にわたる地域。神武は基本的には百済系倭国の初代天皇応神（昆支・武）の分身であるから、神武と戦ったナガスネヒコは、応神（昆支・武）の即位に反対して反乱を起こした祟神（旨・首露）系の王子の架空の分身ということになる。

ここで私が読者の皆さんに是非お伝えしておきたいことは、石渡信一郎氏の指摘する「鳥見（登美）は、奈良県生駒町の北部から奈良市の西端部にわたる地域」が現在の近鉄奈良線（始発大阪難波→終点奈良終点）の石切・生駒・東生駒・富雄・学園前を指していると言ってほぼ間違いないことです。

というのは昨年の暮れの一一月大阪に訪れた際、大阪環状線の鶴橋駅で乗り換え、奈良線の富雄駅で下車して富雄丸古墳を見てきたからです。私が訪れたときは発掘調査のため立ち入り禁止の場所が多く、パワーショベルが二、三台作動していて見るところ少なく、適当にして帰りました。途中思ったことは、この一帯は方向といい、地形といい天理市布留町の七支刀を所蔵する石上神宮と無縁でないことです。

布都御魂大神《ふつのみたまのおおかみ》を主祭神とする石上神宮は布都御魂大神です。社殿によれば布都御魂剣は武甕槌・経津主二神による葦原中国平定の際に使われた剣です。古代軍事氏族物部氏が祭祀し、ヤマト政権の武器庫としての役割を果たしているとも言われています。

であれば富雄丸古墳の出土物は、石上所蔵の七支刀銘文（三七二年）の「倭王旨＝崇神」であることから、富雄丸古墳の出土物との限りない類似性を感じとることができるのです。物部氏が新旧二つの渡来集団の旧加羅系の渡来集団の王であった崇神の軍事氏族あったとすれば、富雄丸古墳の被葬者は物部氏の首長と考えて不自然ではないと思います。

以上のような事柄を今は亡くなられましたが、坂靖さんと忌憚なく自由に話すことができたならば、どんなに有意義な、後期高齢者にとって活力のある生活を送ることができであろうと残念至極です。

しかし「考古研」のかつての坂靖さんと同僚の皆さんが、〝坂靖さんの功績をしのぶ一冊〟として『古代学の遺跡学――坂靖さん追悼論文集』を出版したと聞いています。「考古研」のさらなる発展を望むしだいです。

林　順治

二〇二四年四月末日

著者略歴

林 順治（はやし・じゅんじ）

旧姓福岡。1940年東京生れ。東京空襲の1年前の1944年、父母の郷里秋田県横手市雄物川町深井（旧平鹿郡福地村深井）に移住。県立横手高校から早稲田大学露文科に進学するも中退。1972年三一書房に入社。取締役編集部長を経て2006年3月退社。

著書に『馬子の墓』『義経紀行』『漱石の時代』『ヒロシマ』『アマテラス誕生』『武蔵坊弁慶』『隅田八幡鏡』「アマテラスの正体」『天皇象徴の日本と〈私〉1940-2009』『八幡神の正体』『古代七つの金石文』『法隆寺の正体』『日本古代国家の秘密』『ヒトラーはなぜユダヤ人を憎悪したか』『「猫」と「坊っちゃん」と漱石の言葉』『日本古代史問答法』『エミシはなぜ天皇に差別されたか』『沖縄!』『蘇我王朝の正体』『日本古代国家と天皇の起源』『隠された日本古代史Ⅰ～Ⅲ』（いずれも彩流社）、『応神＝ヤマトタケルは朝鮮人だった』『仁徳陵の被葬者は継体天皇だ』（河出書房新社）、『日本人の正体』（三五館）、『漱石の秘密』『あっぱれ啄木』（論創社）、『日本古代史集中講義』『「日本書紀」集中講義』『干支一運60年の天皇紀』『天皇象徴の起源と〈私〉の哲学』『改訂版・八幡神の正体』『日本古代史の正体』『天武天皇の正体』『日本書紀と古事記』『天皇の系譜と三種の神器』『蝦夷と東北の日本古代史』（えにし書房）。

Enishi Shobo

日本古代史講座《にほんこだいしこうざ》

天皇《てんのう》・アマテラス・エミシを語《かた》る

2024年5月10日 初版第1刷発行

■著者　林 順治
■発行者　塚田敬幸
■発行所　えにし書房株式会社
〒102-0074 東京都千代田区九段南1-5-6 りそな九段ビル5F
TEL 03-4520-6930　FAX 4520-6931
ウェブサイト　http://www.enishishobo.co.jp
E-mail　info@enishishobo.co.jp

■印刷／製本　株式会社 厚徳社
■装幀／DTP　板垣由佳

ISBN978-4-86722-129-7 C0021

定価はカバーに表示してあります

えにし書房　林順治の古代史関連書

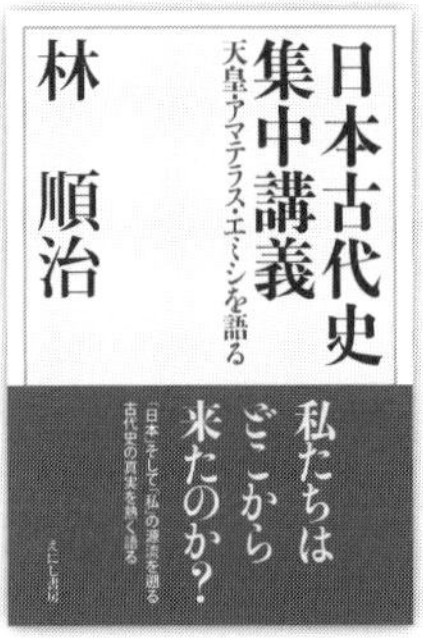

日本古代史集中講義

天皇・アマテラス・エミシを語る

林順治 著　定価：1,800円＋税／四六判／並製

ISBN978-4-908073-37-3　C0021

日本国家の起源は？ 日本人の起源は？ そして私の起源は？ 古代史の欺瞞を正し、明確な答えを導き出しながら学界からは黙殺される石渡信一郎氏による一連の古代史関連書の多くに編集者として携わり、氏の説に独自の視点を加え、深化させたわかりやすい講義録。新旧２つの渡来集団による古代日本国家の成立と、万世一系神話創設の過程から、最近の天皇退位議論までを熱く語る。

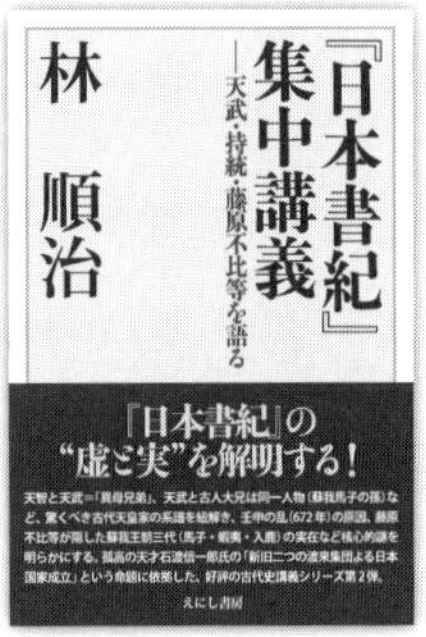

『日本書紀』集中講義

天武・持統・藤原不比等を語る

林順治 著　定価：1,800円＋税／四六判／並製

ISBN978-4-908073-47-2　C0021

『日本書紀』の“虚と実”を解明する！　驚くべき古代天皇の系譜を紐解き、さらに壬申の乱（672年）はなぜ起こったのか。藤原不比等がなぜ『日本書紀』において、蘇我王朝三代の実在をなかったことにしたのか、という核心的謎に迫る。孤高の天才石渡信一郎の「古代日本国家は朝鮮半島からの新旧二つの渡来集団によって成立した」という命題に依拠した、好評の古代史講義シリーズ第２弾。

日本書紀と古事記

誰が人と神の物語をつくったか

林順治 著　定価：2,000円＋税／A5判／並製

ISBN978-4-86722-102-0　C0021

日本古代史の通説を根底から覆す！――日本書紀が主、古事記が従であり、天武天皇によって構想され、藤原不比等によってプロデュースされた――石渡信一郎、井原教弼、フロイト説を援用し、記紀をめぐる種々な論点に触れながら、その成立過程を解き明かすと見えてくる、驚くべき古代史の真相。「アマテラスを祖とし神武を初代天皇とする万世一系天皇の物語」の虚実に徹底的に斬りこむ。

えにし書房　林順治の古代史関連書

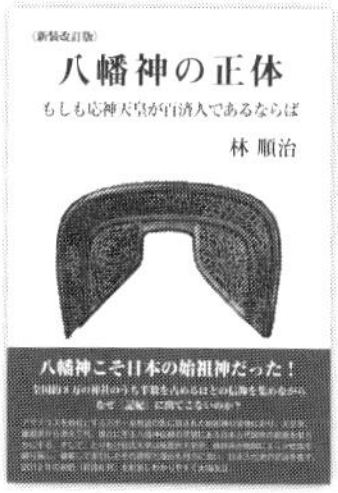

〈新装改訂版〉八幡神の正体
もしも応神天皇が百済人であるならば

林順治 著　定価：2,000 円＋税／ A5 判／並製

八幡神こそ日本の始祖神だった！　全国の神社の半数を占めるほどの信仰を集めながらなぜ『記紀』に出てこないのか？　アマテラスを始祖とする万世一系物語の影に隠された始祖神の実像に迫り、天皇家、藤原家から源氏三代、現在に至る八幡神信仰の深層にある日本古代国家の起源を明らかにする。2012 年の初版（彩流社刊）を新装しわかりやすく大幅改訂。ISBN978-4-908073-47-2　C0021

日本古代史の正体
桓武天皇は百済人だった

林順治 著　定価：2,000 円＋税／ A5 判／並製

ISBN978-4-908073-67-0　C0021

韓国との" ゆかり" 発言から 18 年。令和を迎えた今、改めて天皇家の出自を問う。『干支一運 60 年の天皇紀』『〈新装改訂版〉八幡神の正体』に続く「朝鮮半島から渡来した百済系渡来集団による日本古代国家成立」（石渡信一郎の仮説）を主軸にした古代日本国家の成立＝天皇の起源・系譜を問う " 日本古代史特集"。

天武天皇の正体
古人大兄＝大海人＝天武の新装

林順治 著　定価：2,000 円＋税／ A5 判／並製

ISBN978-4-908073-76-2　C0021

日本古代国家成立の謎を解く上で、大きなカギとなる天武天皇の正体を明らかにする！　虚実入り混じる『日本書紀』の分身・化身・虚像・実像を、石渡説を援用しながら、当時の国際情勢を交えて丁寧に整理し、大王蘇我馬子の娘法提郎媛を母にもつ天武天皇は古人大兄＝大海人皇子と同一人物であることを明快に解き明かす新説。

天皇の系譜と三種の神器
皇位継承のシンボル＝鏡・玉・剣の物語

林順治 著　定価：2,000 円＋税／ A5 判／並製

ISBN978-4-86722-107-5　C0021

古代、中世、近代、そして現在に至るまでの天皇制と皇位継承のシンボル鏡・玉・剣（三種の神器）がいかなる意味とどのような価値をもったのか世界的視野から見直す。とりわけ『神皇正統記』を通して中世日本の天皇家と台頭する武士との葛藤・内乱の南北朝動乱を物語る。

えにし書房　林順治の古代史関連書

干支一運 60 年の天皇紀

藤原不比等の歴史改作システムを解く

林順治 著　定価：2,000 円＋税／ A5 判／並製

ISBN978-4-908073-51-9　C0021

仮に旧王朝の編年体の史書が発見されたものと仮定する。これをバラバラにし、多くの“天皇紀”に記事を分散配置して新王朝の“万世一系の歴史”を作ろうとする場合、それがいずれも 60 通りの干支を包含した干支一運の天皇紀であれば、旧王朝の史書のどの年度の記事であろうと、希望の天皇紀に該当する干支のところに放り込める。干支一運の天皇紀は“歴史改作のシステム”なのである。

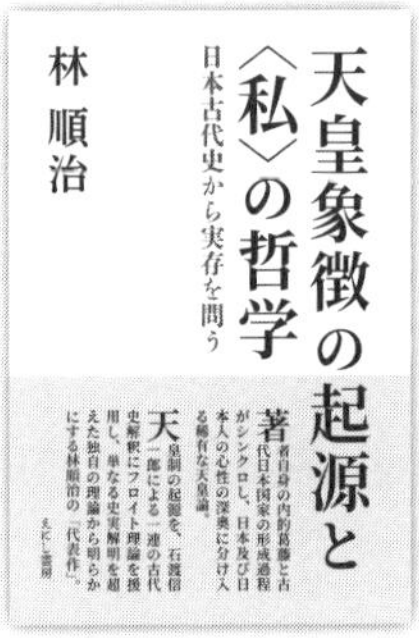

天皇象徴の起源と〈私〉の哲学

日本古代史から実存を問う

林順治 著　定価：2,000 円＋税／四六判／並製

ISBN978-4-908073-63-2　C0021

天皇制の起源を、石渡信一郎による一連の古代史解釈にフロイト理論を援用、単なる史実解明を超えた独自理論から明らかにする。自身の内的葛藤と古代日本国家の形成過程がシンクロし、日本及び日本人の心性の深奥に分け入る稀有な歴史書。天皇の出自から藤原不比等による記紀編纂事業による神話形成、明治維新と敗戦による神話の再形成･利用過程から現在まで、天皇万世一系神話の核心を衝く。

蝦夷と東北の日本古代史

幻の雄勝城をめぐる物語

林順治 著　定価：2,000 円＋税／四六判／並製

ISBN978-4-86722-119-8 C0021

古代日本国家成立の歴史過程に秘められた、天皇家と蝦夷をめぐる相克の物語と著者自身の存在の故郷（ルーツ）東北、横手盆地と心理的葛藤をめぐる物語が重なり合う稀有な書。

加羅系崇神王朝と百済系応神王朝の二段階にわたる東方侵略の実態を明らかにした、石渡信一郎の研究成果を基盤に展開する、驚くべき史実。